LA FONTAINE

SAINTE-CATHERINE.

IV.

Tom. 4.

Que ces Traitres soyent fusillés à l'Instant!

LA FONTAINE

SAINTE-CATHERINE,

Par M. Ducray Duminil.

Ornée de quatre figures.

Tant que cette eau coulera lentement
Vers ce ruisseau qui borde la prairie,
Je t'aimerai, me répétait Sylvie....
L'eau coule encore, elle a changé pourtant!
            Florian.

TOME QUATRIÈME.

A PARIS,

Chez Ménard et Raymond, Libraires, rue
des Grands-Augustins, n.° 25.

1813.

LA FONTAINE
SAINTE-CATHERINE.

CHAPITRE PREMIER.

Une nuit dans une maison isolée.

La marquise d'Arloy, sa chère Inèsia et leur fidèle Micheline, avaient quitté la petite ville de Desinzano où elles avaient séjourné huit jours malgré elles. Elles étaient pénétrées de la perte qu'elles avaient faite du cocher Jacques, et ne savaient que penser de la sincérité des deux frères Sessi.

Parties de grand matin, elles s'arrêtèrent pour dîner dans une auberge où il y avait un jardin. La marquise et Inèsia s'y promenèrent, pendant que les gentils-hommes milanais soignaient leurs chevaux. J'en reviens toujours, ma bonne mère, dit Inèsia, à mes soupçons sur les gens qui nous accompagnent. La conversation que nous eûmes avec eux, le jour même du funeste accident arrivé à ce malheureux Jacques, est toujours présente à ma pensée. Ils ne connaissent point Fidély, disent-ils, et ils nous apportent une lettre écrite par Gérald et par Fidély! Gérald et Fidély les ont chargés de nous conduire à Milan; donc Gérald, ou Fidély doivent leur avoir appris que votre fils et moi nous nous aimons, que Léonardo est le rival de Fidély. Enfin, des amis aussi intimes qu'ils disent l'être de Gérald, ne peuvent ignorer ce qui intéresse Gérald et Fidély, puisque ces derniers sont inséparables, et que c'est pour Fidély qu'agissent ces deux Italiens!

Y concevez-vous quelque chose, ma tendre mère ? — Ce qui me surprend le plus aussi, c'est qu'ils prétendent que Gérald n'est pas *Il Sosio ;* qu'il a usurpé, témérairement même, ce nom mystérieux sous lequel le grand roi Philippe s'est voilé, il y a deux ans. En général, ces messieurs ne parlent de leur ami, si *intime*, comme tu l'observes fort bien, qu'avec une espèce d'ironie ; ils ne le ménagent pas ; ils lui donnent des torts, principalement dans l'affaire, malheureuse et que nous ignorons, qu'il a eue avec ce Léonardo. — Cela est vrai, ma mère ; vous l'avez remarqué comme moi. Y a-t-il de l'imprudence à nous à les suivre ? Je ne sais; mais un pressentiment fatal me tourmente depuis que nous avons quitté votre château, et vous voyez qu'il ne m'a pas trompée, puisqu'il nous est arrivé déjà un accident affreux, et par la faute de ces messieurs, par leur entêtement. Ils conviennent que la forêt est infestée de brigands, et ils s'obstinent à la traverser de nuit! Oh, ma mère, qu'avons-nous fait!

La marquise n'était pas plus rassurée qu'Inèsia sur le compte des frères Sessi; mais cependant, en réfléchissant, elle s'alarma moins vivement : Mon enfant, répondit-elle, qu'est-ce qui n'aurait pas agi comme nous? Nous connaissons bien, je crois, l'écriture de Fidély; celle de son protecteur m'est familière, puisqu'il m'a déjà écrit. Nous ne nous sommes pas mises en route comme des étourdies. Les ordres d'*Il Sosio* sont......... Mais s'il n'était pas *Il Sosio !* Si cet homme n'était qu'un imposteur, qui prît, au risque d'être perdu, un nom aussi respectable! Ses amis affirment.... Eh ! ces deux Milanais sont-ils vraiment ses amis ! Tout se réunit pour nous inquiéter ! — Madame ! ces gens-là ne sont pas francs. Avez-vous remarqué comme ils brutalisent Micheline ! sans égard pour l'attachement que nous témoigne cette digne femme et que nous lui rendons bien !.. Ah ! fasse le ciel qu'il ne nous arrive plus de malheur, et que nous soyons enfin réunies au cher objet de nos affections !

Ces deux dames s'entretinrent encore quelque temps, et en soupirant, sur le sujet de leurs inquiétudes, et, pendant le dîner, elles s'appliquèrent à observer, avec une scrupuleuse attention, les moindres gestes, les plus petits mots des deux Milanais. Ils leur parurent plus joyeux qu'à l'ordinaire ; ils se regardaient avec malice et répétaient souvent aux dames qu'elles approchaient du terme de leur voyage. Micheline, qui les étudiait aussi, et qui trouvait, au nouveau cocher Carli, une figure des plus fausses, n'était pas tranquille non plus, et n'osait pas toujours faire part de ses craintes à ses chères maîtresses, pour ne pas les effrayer.

On remonta en voiture, et les dames remarquèrent que Carli menait beaucoup plus vite ses chevaux que leur ancien cocher. Il allait d'un train à faire plus de trois lieues à l'heure.

Le soleil baissait, la nuit s'approchait, et nos voyageuses ne voyaient, devant elles, rien qui leur annonçât une ville, un village, pas même un hameau. Elles se trouvaient dans une vaste plaine, ombragée, de temps en temps, par quelques bouquets de bois épars çà et là; mais on n'y remarquait pas ce qui s'appelle une chaumière?

La marquise, dont les craintes

étaient motivées par ce qui lui était arrivé déjà, dit au comte de Sessi, qui ne quittait pas la portière : Monsieur le comte ? est-ce que nous allons nous embarquer de nuit comme l'autre fois, dans un désert ? il me semble que nous sommes bien éloignées de toute habitation. — Madame la marquise se trompe, lui répondit le comte d'un ton très-doux. Il y en a une à deux pas d'ici et plusieurs autres mêmes qui avoisinent celle dont je vous parle. Voyez-vous cette longue touffe de bois, à droite? elle cache un charmant petit hameau, dans lequel habite une tante, que mon frère et moi nous chérissons comme une mère!..... Oui, madame, en tournant, en prenant ce sentier, que Carli connaît bien, car il nous y a conduits autrefois, vous allez apercevoir une jolie maison qui appartient à la baronne de Sessi, la propre sœur de notre père. C'est chez elle que nous passerons la nuit ; j'espère, mesdames, que vous n'y aurez pas peur ? — A la bonne heure... Cependant, dans une maison isolée. — Celle-ci n'est point isolée ; c'est que la nuit et les arbres vous cachent les autres habitations ; vous les verrez demain au grand jour...... Allons, Carli ? Tourne, tu sais ?...

Carli prend en effet un sentier fangeux, difficile pour les chevaux, et dans lequel ces dames éprouvent mille cahots. Ce sentier est si long, que la nuit est tout à fait épaissie quand on en a atteint le bout. La voiture s'arrête enfin dans une assez jolie maisonnette, dont une grande jeune fille de campagne ouvre la porte-cochère. La voiture entre dans une cour, et les dames descendent.

Les deux Milanais les introduisent dans une espèce de salon, où une vieille dame, surchargée de parure et de diamans, se lève d'un fauteuil pour les recevoir. Bonjour, mes chers nèveux, dit cette bonne vieille; soyez les bien-venues, mesdames? J'étais prévenue de votre arrivée, et je vous attendais. Vous allez à Milan, je le sais; vous en êtes très-près; demain au soir, vous y serez, dans l'hôtel de mon neveu le comte. Ah, vous vous plairez mieux là que chez moi. Ma maison est très-petite; c'est une tabatière, et il y a si peu, si peu de logement, que je crains que vous y passiez une bien mauvaise nuit; mais enfin, nous ferons de notre mieux; j'y mettrai du zèle, et vous aurez de l'indulgence; avec cela, on n'a point de reproches à se faire réciproquement. Soupons d'abord, et livrons-nous à la gaîté ; elle dissipe toujours la moitié des fatigues du voyage. Je suis vieille ; j'ai soixante-dix ans ; mais j'aime qu'on s'amuse chez moi. Voilà deux hommes que j'ai vu naître et qui vous diront bien ce que je suis.

Cette bonne dame parlait avec tant de volubilité, que la marquise, ainsi que son Inèsia, ne purent alors, et pendant le souper, lui répondre que par monosyllabes. Elle fit presque seule les frais de la conversation, mit Gérald sur le tapis, dit qu'elle l'avait vu naître aussi, qu'il était le meilleur ami de feu son mari, de toute sa famille, en fit les plus grands éloges, et n'oublia pas d'exagérer en même temps ceux de ses neveux, qui étaient, selon elle, des seigneurs charmans.

Il était tard ; l'ennui d'entendre

cette bavarde et la fatigue, tout donnait à nos voyageuses l'envie de dormir. La vieille dame parla enfin de se séparer. Ah çà, dit-elle, comment allons-nous faire ? Sans compter la chambre de ces messieurs, qui est au second, je n'ai, au premier, que deux pièces séparées par un corridor dans lequel est un cabinet où couche ma femme de chambre. Une de ces pièces contient bien deux lits; mais c'est ma chambre à coucher, celle-là, et, à mon âge, on ne se déplace pas sans nuire à son sommeil, et par conséquent à sa santé. J'y tiens d'ailleurs; je ne la cède à personne. L'autre pièce n'a qu'un lit ; mais on y mettra un lit de sangle et un matelas pour la domestique de ces deux dames. Voyons, arrangeons-nous. Je me charge de cette aimable demoiselle ; je coucherai ce bel ange dans ma chambre près de moi. Madame la marquise voudra bien prendre l'autre pièce, avec sa domestique : c'est entendu.

La marquise et Inèsia désiraient bien ne pas se séparer ; mais comment faire ? La baronne de Sessi leur fit voir les deux seuls logemens qu'elle eût dans sa maison. Dans sa chambre à coucher était, à deux pas de son lit, un autre lit disponible, mais étroit et petit. Celui de la seconde pièce, au bout du corridor, était un excellent lit de maître. Il était naturel qu'il servît à la marquise, qui devait avoir Micheline auprès d'elle. Qu'avait-on à craindre ? La baronne était la tante des deux Milanais ; elle avait le défaut d'être bavarde ; mais son âge, et même son extérieur, annonçaient une femme respectable. Il fallait bien se séparer de toutes les manières, puisque les localités l'exigeaient; nos dames n'apportèrent donc aucun obstacle au plan proposé.

En conséquence, la baronne, ayant fait monter les deux frères Sessi dans leur chambre pratiquée sous le comble, au second, s'enferma chez elle avec Inèsia, après qu'elles eurent toutes deux souhaité le bonsoir à la marquise, et la marquise alla s'établir dans la pièce du fonds du corridor, avec sa fidèle domestique.

Quand elles se furent bien enfermées à leur tour, Micheline, en déshabillant sa maîtresse, lui dit : C'est une sotte chose, madame, que les voyages, n'est-il pas vrai? Ce n'est rien dans le jour; mais les nuits sont bien désagréables! Coucher tantôt à droite, tantôt à gauche, ne rencontrer que de mauvais lits, ou bien des maisons bizarres, comme celles-ci, qui vous séparent !... Moi, je n'aime pas cela. Je suis toujours inquiette quand je me vois éloignée de mademoiselle d'Oxfeld. — Je n'en suis pas contente non plus, Micheline ; mais la nécessité... — Nous y force, sans doute. Je ne pouvais pas donner mon lit de sangle à mademoiselle ; eh puis son lit, là-bas, est trop petit pour vous. Oh ! elle est bien ; elle sera bien, n'est-ce pas, près de cette vieille baronne ? — Je l'espère. D'ailleurs, que peut-il lui arriver ? — C'est ce que je me demande. Elle est singulière, la tante de ces messieurs. Croiriez-vous qu'elle n'a qu'une seule domestique ? Non, il n'y a pas d'autre domestique ici que cette grande fille qui a fait votre souper, qui vous l'a servi à table, et qui a l'air d'une Agnès. Ça ne parle pas, ça ne m'a pas répondu un mot à toutes les questions que je lui ai faites. Carli et moi, nous nous efforçions, en soupant, de la faire parler. Elle se taisait, ou ricanait, là, comme cela, tenez.... La vieille dame lui donne le titre de femme de chambre. Sa mise et son ton n'annoncent pourtant qu'une servante de ferme, voilà tout... Oh, oh! ces messieurs ne sont pas encore endormis là-haut ; on les entend marcher... Je ne sais pas par exemple où couchera Carli ; dans l'écurie, apparemment ; car voilà tout ce qui compose cette maison. Elle est bien isolée ! J'ai regardé, ce soir, tout autour, je n'ai pas aperçu une cabane. C'est singulier qu'une dame de condition, la tante d'un comte, d'un colonel, loge dans un si petit trou, et qui est mal meublé encore. Vous avez remarqué sans doute qu'il n'y a pas le quart des meubles qu'il y faudrait, et que cela est aussi usé que vieux et gothique. On se croirait en garni, dans une méchante auberge. — Folle que tu es ! veux-tu me donner des inquiétudes ? Il fallait donc faire plutôt ces réflexions-là ; nous aurions couché, Inèsia et moi, dans ce grand lit. A présent, il n'est plus temps ; ce serait témoigner une défiance insultante. Tais-toi, et tâche de reposer, afin que j'en puisse faire autant. Quelle heure est-il ? — Onze heures, madame. — C'est bien ; à cinq heures, tu m'éveilleras ; bonne nuit.

La marquise et Micheline s'endorment bientôt profondément et ne prévoient guères que leur sommeil sera troublé de la manière la plus étrange.

Deux heures après, elles sont réveillées en sursaut par quelqu'un qui frappe

frappe à leur porte, en les appelant à demi-voix. Madame la marquise, dit-on ? madame la marquise ? ouvrez, ouvrez vite ! — Qui est là, s'écrie Micheline ? — Je suis la baronne de Sessi. Il faut que je vous parle à l'instant, à l'instant ! C'est pour votre propre sûreté ; ouvrez donc.

La marquise a bien reconnu la voix de la vieille dame. Elle ordonne à Micheline de lui ouvrir la porte, tout en frémissant de ces mots : *c'est pour votre propre sûreté.*

La vieille entre, en simple déshabillé, et portant une lumière qu'elle dépose sur la cheminée. Ensuite elle ferme doucement la porte de la chambre, et s'asseyant au chevet du lit de la marquise, elle lui tient ce discours singulier : Parlons bas, ma chère dame ; vous et moi, en grâce, parlons bas ; il ne faut pas que ce que je vais vous dire puisse être entendu ; nous serions perdues toutes. — Perdues, madame! vous m'effrayez.—D'abord, madame, et avant tout, habillez-vous, habillez-vous sur-le-champ ; vous et votre femme de chambre. Vous courez risque de perdre la vie, si vous ne suivez pas à la lettre les conseils que je vais vous donner. — Grand Dieu ! — Point de cris, point d'éclat ! Si ces deux méchans vous entendaient ! — Quels méchans ?—Ces frères Sessi!—Comment? vous, leur tante?

La vieille verse un torrent de larmes en disant : Madame, vous voyez une misérable !... une femme indigne... coupable... mais qui ne veut pas être complice de votre perte. Votre bonté, les grâces, les vertus de votre demoiselle m'ont touchée.... Non, il ne s'accomplira pas, ce nouveau crime ! Je vous arracherai vos victimes, monstres que vous êtes, et je saurai braver votre ressentiment, votre vengeance, en dénonçant tous vos forfaits ! — Micheline ! où sommes-nous !

La vieille continue : Dans un repaire, madame, je ne puis vous le dissimuler. Je vais vous apprendre les dangers que vous courez, afin de vous engager à vous y soustraire par une prompte fuite. Ce comte et ce colonel Sessi sont bien frères ; mais je ne suis pas leur tante. Ils m'ont engagée à jouer ce rôle, comme j'en ai déjà rempli d'autres pour eux dans diverses circonstances. Les momens sont précieux ; écoutez-moi. Les deux Sessi sont des misérables, perdus de dettes, de mœurs et de réputation. Ils se sont attachés à un jeune seigneur italien qu'on appelle Léonardo, et dont ils servent les caprices et même les vices. Ce seigneur Léonardo, voulant ravoir une seconde fois en sa puissance votre belle Inèsia, leur a donné à cet effet des instructions qu'ils ont suivies à la lettre. Les Sessi, anciens amis de Gérald, qui ignorait leurs déréglemens récens, l'ont rencontré à Ferrare, ont captivé sa confiance, au point que cet imprudent Gérald les a chargés d'une lettre pour vous emmener à Milan. Vous les avez suivis ; eh, qui ne l'aurait pas fait à votre place !.. Ces misérables, dans le dessein de vous avoir toutes les trois à leur discrétion, ont assassiné eux-mêmes Jacques, votre cocher, dans la forêt de Desinzano, où il n'y avait pas un seul voleur. Le colonel fit le coup ; son frère fit semblant de le suivre dans le bois pour y chercher des brigands qui n'étaient autres qu'eux-mêmes. La justice de la ville, qui, comme vous, a donné dans cette erreur, a fait là dessus des recherches inutiles; mais je sais que votre cocher fut leur première victime.

La marquise s'écrie : O Dieu ! quelle horreur !

Vous n'y êtes pas, poursuit la vieille. Ils commirent le crime dans l'intention de vous donner un autre cocher qui leur fût dévoué, et Carli, averti d'avance, se trouva là tout prêt sous leur main, pour vous être présenté. Bref, Carli et ses maîtres vous ont conduites ici, où je vous attendais d'avance, ayant meublé à la hate cette maison isolée. Voici maintenant la suite de leur complot. A trois heures précises, cette nuit même, le seigneur Léonardo va se rendre dans ce repaire, accompagné de plusieurs hommes affidés à lui. Ils doivent enlever Inèsia, et vous, madame.... oserai-je l'avouer!... leur projet est de vous assassiner, ainsi que votre fidèle domestique, pour se débarrasser de vous à jamais.

Qu'on juge de l'état de la marquise à une pareille ouverture! Elle ne peut parler ; elle est prête à perdre connaissance.

La vieille et Micheline lui prodiguent les plus tendres soins. Elle recouvre l'usage de la parole; mais c'est pour pleurer, pour implorer le ciel, pour intercéder l'aide et les secours de la vieille femme qui vient de lui apprendre cette horrible nouvelle. Ne craignez rien, lui répond la vieille avec l'accent du plus vif intérêt. Je ne vous ai découvert le mal que pour vous en offrir promptement le remède. Ils n'ont pas encore réussi, et je ne me rendrai pas, je vous le répète, complice d'un forfait aussi abominable. Redoublez votre attention, je vous prie, et daignez voir en moi un ange tutélaire tout prêt à vous sauver. La franchise de mes pénibles aveux doit vous prouver que vous m'avez intéressée au dernier point ; je vais vous en donner des preuves. Ce Carli, qu'ils vous ont donné, n'est point un aussi méchant homme qu'ils le croient. Je lui ai parlé ; j'ai su l'attendrir sur votre sort, et, moyennant une centaine de louis que vous lui donnerez (car ces ames basses là ne font jamais rien pour rien), Carli se charge de vous emmener à l'heure même, de vous reconduire chez vous, à Milan, où vous voudrez, loin enfin de cette caverne du crime. Je vous faciliterai, à vous deux, à Inèsia, les moyens de sortir d'ici, sans réveiller les Sessi, qui dorment là-haut en attendant leur Léonardo, et vous échapperez toutes à ce piége affreux... Mais il n'y a pas une minute à perdre ; il est une heure et demie tout à l'heure. Si l'impatience de Léonardo le faisait devancer l'heure du rendez-vous, je ne pourrais plus rien; car je suis seule dans cette maison, avec Catharina, la fille que vous avez vue. Je vous demande si nous et vous trois, si cinq femmes pourraient s'opposer aux attaques d'une douzaine d'assassins, dans cet asile, écarté de la route, de toute habitation, où nos cris ne seraient entendus de personne. Suivez donc mon conseil... Je vous annonce d'abord qu'il est désintéressé, et que je rougirais d'accepter la moindre chose pour un service que m'impose le cri de l'humanité, trop long-temps, hélas, étouffé dans mon coupable cœur.

L'obligeante

L'obligeante vieille lève ses yeux et ses mains vers le ciel en soupirant profondément. La marquise n'a plus de forces ni de réflexion ; Micheline la réconforte : Allons, madame, lui dit-elle en l'habillant, partons, partons; fuyons des scélérats dont je me suis toujours méfiée. Profitons d'un moment de remords que le ciel envoie à cette femme secourable. — Micheline! où est Inèsia?

La vieille répond à cette question : Votre demoiselle, madame, a été également prévenue par moi. Je l'ai réveillée, comme j'ai pris la liberté de le faire chez vous, et Catharina l'habille dans ma chambre. — Va-t-elle venir, ou irons-nous la trouver? —Je vous réunirai, soyez tranquille ; vous fuirez ensemble, tout est arrangé pour cela...... Mais dépêchons-nous donc, allons, partons-donc !

—Ce Carli, madame, il m'effraie?...
— Il vous est dévoué. Cent louis font beaucoup sur cet homme ; les Sessi ne lui en auraient pas donné autant, puisqu'ils n'ont rien. Je vous dis qu'il va vous reconduire dans votre propre voiture, où sont encore tous vos bagages ; vous ne perdrez rien. — O ciel ! courir ainsi, de nuit, avec un tel homme ! — Ces environs sont très-sûrs ; le jour paraîtra dans trois ou quatre heures ; et d'ailleurs ne vaut-il pas mieux prendre ce parti que de s'exposer à une mort certaine! — Infâmes scélérats ! que leur avons nous fait ? — Vous leur avez fait que vous les gênez dans les projets qu'ils ont sur Inèsia ; qu'ils craignent vos pleurs, vos persécutions, vos plaintes ; ils vous redoutent en un mot, ils se défont de vous ; c'est le propre des méchans de cette espèce..... Vous

pleurez! allons, du courage, bonne marquise!..... Mais, si je vous rends la liberté, si je vous sauve la vie, à Inèsia l'esclavage et peut-être le déshonneur, suivez de point en point les instructions que je vous donnerai. Il ne faut point réveiller les Sessi ; par conséquent, nous devons toutes parler très-bas, descendre sur la pointe du pied et monter en voiture sans faire le moindre bruit. Votre toute aimable demoiselle doit y être déjà, dans la voiture. — Comment ? — Catharina l'a fait descendre avec elle ; Inèsia vous attend là-bas. Si nous avions traversé ce corridor toutes les cinq ensemble, cela eût fait du bruit, et l'un des deux frères aurait pu nous entendre. Vous voilà prête, suivez-moi... Ne tremblez pas, bonne marquise; donnez-moi le bras? Madame Micheline,

soutenons-la à nous deux.... Bien.....
Pas un mot sur-tout, dans l'escalier,
ni ailleurs?—Mais Inèsia?— Je vous
dis qu'elle est déjà là-bas. Elle vous
sera rendue, chère dame ; je vous
jure qu'elle va vous être rendue.

La vieille femme conduisit la marquise et Micheline dans la cour de sa maison ; puis, ouvrant une petite porte, elle les introduisit dans la campagne, où, après avoir fait quelques pas, elles aperçurent leur voiture, et Carli qui causait avec Inèsia. Inèsia se jeta dans les bras de sa mère adoptive, et toutes deux ne purent que verser des torrens de larmes. Allons, dit la vieille, en voiture ?

Elle se retourne vers sa maison, dont on voit les combles, et s'écrie : Juste ciel ! il y a de la lumière chez ces traîtres de Sessi : on va, on vient;

s'apercevrait-on de votre fuite! Vite, vite, en voiture!

On y porte, pour ainsi dire, la marquise anéantie; Inèsia, essuyant ses yeux pleins de larmes, se place à côté d'elle, Micheline se met sur le devant, et l'obligeante vieille dit à Carli : Carli! tiens bien ta parole!

Carli répond : Je l'ai juré, je suis entièrement à ces dames.

La vieille fait des adieux pleins d'intérêt aux trois fugitives, et la voiture vole.

Carli semble en effet commencer très-bien à tenir sa promesse ; car dans la crainte, sans doute, d'être poursuivi par les Sessi, ou par Léonardo et ses gens, il va comme le vent.

Micheline fait soudain la réflexion qu'on ne lui a pas dit l'endroit où l'on voulait aller. Elle tire un cordon attaché au bras de ce cocher. Il s'arrête : Où nous menez-vous, lui demande Micheline? — Je ne sais, répond-t-il ; madame ne m'a point donné d'ordre. Je ne pense d'abord qu'à nous éloigner du coupe-gorge que nous quittons.

La marquise prend la parole : Sommes-nous loin de Milan ?

Carli lui répond : Eh, madame, depuis ce matin nous lui tournons le dos. Ces messieurs n'avaient point l'intention de vous mener à Milan ; ils m'avaient ordonné de rebrousser chemin au contraire, jusqu'à la maison isolée, où j'ignorais qu'ils vous préparassent le sort dont leur vieille complice m'a parlé et qui m'a fait frémir!—Bien, Carli ; sauve-nous, mon garçon, et je t'en récompenserai. Prends ; eh bien, prends la route de Milan.

Carli repart.

La marquise méprise et craint toujours Carli ; mais, quand on a peur des gens, on les flatte ; c'est ce qu'elle a fait.

Dieu merci, nous voilà sauvées, s'écrie Micheline ! mais mademoiselle d'Oxfeld ne dit rien ; serait-elle indisposée ? La nuit est si noire, qu'on ne peut voir ce qu'elle éprouve.

Inèsia restait en effet silencieuse, et n'avertissait de sa présence que par des sanglots fréquens qui annonçaient qu'elle pleurait abondamment. Ma fille, dit la marquise, ma chère fille, tu ne peux revenir d'une pareille horreur !

La marquise veut lui prendre les mains ; Inèsia les retire avec vivacité. Tu ne me donnes point ta main, chère Inèsia, poursuit la marquise ? Réponds-moi donc ; ton silence m'afflige.—En effet, réplique Micheline, mademoiselle n'a pas prononcé un seul mot, depuis que nous l'avons retrouvée causant avec ce Carli !

Inèsia, pour toute réponse, se jette dans les bras de la marquise, appuie sa tête sur son sein et continue de pleurer.

Un si grand désespoir, dans un pareil moment, quand le danger est passé, étonne sa mère adoptive, qui l'accable de nouvelles questions auxquelles la jeune personne oppose toujours un silence obstiné.

La voiture roule très-vite cependant, et le crépuscule permet de distinguer un peu les objets.

Inèsia a la figure couverte de son mouchoir, et ne cesse pas de pleurer.

La marquise s'efforce en vain de la consoler.

Micheline regarde autour d'elle et remarque avec effroi que la voiture est dans un sentier sablonneux, au milieu d'une épaisse forêt. Elle tire le cordon de Carli, qui ne s'arrête pas ; elle le tire de nouveau ; Carli se contente de crier : Laissez, laissez, je sais où je vais !

La marquise trouve avec raison ce ton un peu leste ; mais, redoutant de fâcher ce traître, elle engage Micheline à le laisser marcher jusqu'au jour, jusqu'à la première auberge.

Le chemin cependant devient si mauvais, qu'allant d'abord au pas, plus doucement encore, la voiture s'arrête, penchée et engravée dans de profondes ornières.

La terreur de nos dames est au comble ; mais le jour, qui paraît, leur laisse quelque espoir de secours.

Carli descend enfin, ouvre une portière. La marquise et Micheline l'accablent, l'une de questions, l'autre de reproches ; Carli ne leur répond pas. Il donne le bras à Inésia, qui, se découvrant alors, offre les traits et la stature de Catharina...

C'est Catharina qui a pris les habits de mademoiselle d'Oxfeld, et qui s'est bien donné garde de dire un mot, ni de laisser prendre ses mains, dont la peau, brute et calleuse, l'eût bientôt fait reconnaître. Catharina descend, et, tandis que Carli referme brusquement la portière, elle dit à la marquise, en jetant de gros éclats de rire : Adieu, madame ; cherchez à présent votre belle demoiselle, qui dort encore à cette heure, là-bas, chez nous ; à moins que le seigneur Léonardo ne soit venu la réveiller. Nous allons la rejoindre ; adieu !

Cette misérable prend le bras de Carli, et tous deux s'enfoncent dans la forêt, en riant de l'embarras dans lequel ils laissent l'infortunée marquise et sa Micheline.

Ils disparaissent.

Micheline, transportée de colère, s'est écriée : Coquins que vous êtes, attendez, je cours après vous !

Micheline a vingt fois essayé d'ouvrir la portière ; mais on y a fait pratiquer apparemment un secret qui n'y était pas ; il est impossible d'ouvrir d'un côté, ni de l'autre.

Madame d'Arloy jette des cris perçans. La voilà abandonnée, au point du jour, au milieu d'une forêt inconnue, dans une voiture engravée, sans cocher, et sur-tout sans son Inèsia ! sans Inèsia, dont une vieille infernale, par une ruse atroce, l'a séparée, peut-être pour jamais !

Il paraîtra sans doute inhumain à nous de la laisser dans cette cruelle situation ; mais un autre intérêt nous appelle.

CHAPITRE II.

Tout conspire contre l'innocence.

Le seigneur Léonardo et le baron de Salavas, après avoir obtenu de Gérald la vie, la liberté, leur grâce entière enfin, pour la manière atroce dont ils l'avaient attaqué, lui et son fils, dans les mauvais chemins de Brescia, se retirèrent furieux avec Le Roc. Ces misérables, loin d'être touchés de la grandeur d'ame, de la noble générosité de celui qu'ils appelaient leur ennemi, méditaient de nouveaux moyens de lui nuire. Ce guet-à-pens était, selon Léonardo, *une affaire manquée; il allait s'occuper d'une autre, aussi importante, et dont le succès au moins lui était assuré!* Cette autre affaire était le second enlèvement d'Inèsia. Les frères Sessi, qui lui étaient dévoués en effet, lui avaient promis de la lui amener à Milan. Pour réussir dans ce projet, il avait fallu se procurer une lettre de Gérald, ce à quoi on était parvenu. On n'avait pas pu s'empêcher encore d'emmener la marquise d'Arloy, dont on n'avait pas besoin, mais dont la présence était nécessaire pour accompagner Inèsia, qui ne se serait jamais mise seule sous la conduite de deux inconnus. C'était un fardeau que cette marquise! aussi se promettait-on de s'en débarrasser quand on serait près du terme du voyage. Léonardo, Salavas et les deux Sessi avaient combiné leur plan à merveilles, et l'on vient de voir qu'une partie de ce plan abominable a déjà réussi.

Léonardo quitta donc Gérald et Fidély, la menace à la bouche et la rage dans le cœur. Il prit soudain la route de Milan, où il espérait que ses gens lui ameneraient Inèsia, et, dès qu'il se vit seul avec Le Roc et le baron, il adressa à ce dernier les reproches les plus sanglans : Lâche, lui dit-il, comment as-tu pu t'abaisser au point de te jeter aux genoux de mon ennemi, de lui demander grâce! — Il était maître de ma vie! — Il fallait la perdre avec honneur! il fallait savoir mourir à mes côtés ! Il était maître de ta vie ! il l'était aussi de la mienne, et tu vois qu'il n'a pas osé en disposer, ce qui prouve qu'il n'est pas encore bien sûr de l'emporter sur moi. Mon oncle, il est vrai, est plus que jamais courroucé contre moi. Il peut me perdre ; il le fera peut-être ; mais, avant, je veux tenter un dernier effort ; je veux le voir, l'éclairer sur les calomnies dont on m'a noirci à ses yeux, l'attendrir en un mot, rentrer en faveur, et me venger enfin du misérable Gérald. — Voilà de beaux projets ; mais, s'ils ne réussissent pas !... — Alors, je verrai, je m'expatrierai. — Fort bien ; vous vous tirerez d'affaire, vous, parce que vous êtes un grand seigneur; mais je vous l'ai déjà objecté cent fois, que deviendrai-je, moi? —Toi? tu seras pendu comme le vil complaisant de mes passions. — Bien obligé. Vous dites cela d'un petit ton tout à fait tranquille. Ah, je serai pendu ! —Tu le seras... à moins que tu n'aies le courage de m'accompagner dans ma fuite. — Où irez-vous? — Je te le dirai. — Aurez-vous de l'argent ? — Toujours. — Du crédit ? — Assez. — De la puissance? — Je l'espère. —

Menerons-nous alors une vie paisible ? — Cela se pourra bien.—Ecoutez donc : de deux partis il faut choisir le moins mauvais. Le supplice réservé aux coupables !... — C'est bien dur.—La fuite...—Est sûre avec moi. — Mais si vous recommencez encore vos fredaines ? — Je ne te promets pas d'être un Caton, à mon âge ! — Fort bien; mais contentez-vous d'Inèsia. En conscience, vous devriez l'épouser. — L'épouser ! — Si vous êtes banni, proscrit, ce ne sera pas un grand honneur que vous lui ferez, et cela mettra ma conscience en repos. — Ta conscience ? Quel jargon ! — Elle parle tôt ou tard ; depuis quelques années, mes cheveux blancs m'avertissent que j'en ai une. — Elle a dormi long-temps ! — Elle se réveille à la fin. — Dis plutôt que tu prends pour ta conscience l'excès de
la

la peur qui te fait trembler. — C'est ce qu'il vous plaira. La peur ! eh, parbleu, qui n'en aurait pas quand nous nous mettons vingt pour attaquer deux hommes, et que nous sommes vaincus par une nuée de sbires qui semblent sortir de dessous terre pour les défendre ! Je me suis cru mort !

Léonardo s'adresse à Le Roc. Qui sont donc, lui demande-t-il, ces gens qui sont venus les secourir en si grand nombre ? en as-tu reconnu ? — Pas un seul. Il me semble cependant avoir vu parmi eux ce Vernex, qui fut long-temps, à Milan, le correspondant de Gérald. — Celui qui avait loué sous le prétendu nom d'Ambrosio, mais pour Gérald, une petite maison, au bord des Pyrénées, dans la Gascogne, en France ? J'ai su cela depuis quelque temps.

Comment, interrompt le baron

de Salavas, cet homme que j'ai vu dans la maison que vous citez, le jour où, après avoir découvert Gérald dans l'aveugle de la fontaine Sainte-Catherine, j'y revins avec des gardes pour le faire arrêter, et que, par parenthèse, il s'en était déjà sauvé, cet homme est ce même Vernex dont on m'a tant parlé, mais dont les traits m'étaient entièrement inconnus? — Il faut croire, répond Le Roc, que c'est lui. Oh! il était là tout à l'heure, animant les défenseurs de Gérald, qui ont mieux fait leur devoir que les nôtres; car les lâches se sont sauvés aussitôt qu'ils les ont vus.

Léonardo répond : Mais encore une fois, qui peuvent être ces inconnus? et pourquoi étaient-ils réunis en si grand nombre? Notre projet était donc découvert? Gérald savait donc que nous devions l'attaquer là, à point nommé, à cette heure ?

Ils se perdirent en conjectures sur ce singulier événement et arrivèrent enfin à Milan, où Léonardo, ayant laissé chez lui le baron et Le Roc, courut, ainsi qu'il en avait formé le dessein, se jeter aux pieds de son oncle.

Il était parti à midi. Une heure après, il revint, pâle, soucieux, agité du plus sombre désespoir. Le baron et Le Roc, effrayés, lui demandent ce qui lui est arrivé. Léonardo se contente de dire : Sait-on où sont maintenant les Sessi, avec les femmes qu'ils devaient nous amener ici ?

Le baron répond : Ce soir, ils doivent coucher à Vérone. Votre fidèle Carli, qui, deux fois par jour, a de leurs nouvelles, et qui sait leur itinéraire, vient d'apprendre d'eux qu'ils seront, ce soir même, à Vérone. — Il suffit. Une plume, de l'encre, du papier ?

Léonardo fait ces trois demandes comme un homme atterré, qui est occupé d'un grand chagrin. On lui procure ce qu'il faut pour écrire.

Il écrit... d'une main tremblante... en poussant de profonds soupirs.

Quand il a fini, il demande : Où est Carli ?

Le Roc fait venir ce domestique. Monte à cheval, lui dit Léonardo ; cours à Vérone, remets cette lettre au comte ou au colonel, et exécute de point en point les ordres qu'ils te donneront. — Oui, monseigneur. — Ecoute ! qu'ils se défassent, d'une manière quelconque, du cocher de la marquise d'Arloy, et qu'ils s'arrangent de manière à ce qu'elle te prenne à sa place. — Oui, monseigneur. — Arrête ? tu les conduiras tous à ma petite maison isolée dans le bois de Crémone, et dont j'ai confié la garde à ta tante Cyconia. —Oui, monseigneur. — Qu'on meuble à la hâte et comme on pourra cette maison, où ta femme Catharina se rendra avec toi.— Oui, monseigneur. — Tâchez là de vous débarrasser de la marquise, de sa femme de chambre, et que je n'y retrouve qu'Inèsia seule ? — Monseigneur s'y rendra donc ?—Ma lettre apprendra à messieurs Sessi ce que vous devez tous faire, et ce que je ferai aussi de mon côté. Allons, pars, Carli, et qu'Inèsia soit à moi, puisque c'est aujourd'hui le seul bien que je puisse posséder.

Carli monte à cheval, galope, et le baron, regardant Léonardo d'un air d'effroi, lui dit : Que signifient ces mots, seigneur Léonardo ?

Inèsia est le seul bien qu'il vous soit libre aujourd'hui de posséder? — Je suis perdu! — Grand Dieu! — Ce méchant vieillard me bannit! — Il vous?... — Il faut que je quitte Milan à l'heure même. — Est-il possible! — Sinon, le cachot, un procès scandaleux, et par suite, ma tête..... sur un échafaud!..... Quelle horreur! — Je vous l'ai toujours dit: Vous avez temporisé, et..... — Allons, il est bien temps de moraliser. Il faut partir. Qui me suit de vous deux?

Le Roc et le baron se hâtent de répondre: Tous les deux! mais où allez-vous? — D'abord à la maison isolée.

Le baron reprend: Si près de l'ennemi! Ne savez-vous pas que le prince Eugène est déjà devant Crémone? — C'est le bruit public. — S'il s'avance, s'il vous fait prisonnier ? — Je n'attendrai pas qu'il me charge de fers. — Comment ? — Vous le saurez ! suivez-moi ? Inèsia d'abord ? avant tout, Inèsia ? Le reste viendra après. Si mes chers Sessi, si Carli, sa tante et sa femme, font bien leur devoir, après-demain Inèsia sera en ma puissance une seconde fois et pour toujours ; car je la conduirai dans un lieu où aucun de mes ennemis ne pourra pénétrer ; mais partons.

Léonardo donna à l'un de ses gens affidés l'ordre de lui apporter ses effets les plus précieux à la maison isolée, que, par son site et son ancienne occupation par des voleurs, on appelait le *Puits de la Mort*, et il partit avec ses deux confidens, en disant un éternel adieu à la ville de Milan, dont il était banni pour jamais, ainsi que de toute l'Italie. Tel etait l'ordre sévère, mais juste, que lui avait intimé un oncle irrité.

Nos lecteurs nous demanderont, peut-être, ce qu'était cet oncle si puissant. Nous les prierons d'attendre un moment. Si nous avions nommé cet oncle au commencement de notre ouvrage, l'histoire que nous écrivons en serait restée aux premières lignes, au lieu qu'avançant vers le dénouement, nous n'avons plus que très-peu de temps à suspendre la curiosité de ces lecteurs indulgens. Ils savent maintenant que ce Carli, qu'ils ont vu figurer dans le voyage de la marquise, est un des domestiques de Léonardo, que c'est Léonardo qui l'a envoyé vers les frères Sessi, ses agens, et que le meurtre du pauvre cocher Jacques, l'aventure nocturne de la maison isolée,

isolée, tout cela s'est fait par l'ordre de Léonardo et par ses affidés.

Voyons à présent ce qui va arriver à Inèsia, après la fuite de sa mère adoptive, fuite opérée par une ruse, qu'il était bien difficile de deviner et de déjouer.

CHAPITRE III.

Le Puits de la Mort.

Tandis que la prétendue tante du comte et du colonel Sessi faisait évader, de la maison isolée, la marquise d'Arloy et Micheline, avec une fausse Inèsia, la véritable Inèsia dormait profondément dans la chambre de la vieille, et c'était dans la seule crainte de l'éveiller, que cette vieille maudite recommandait tant le silence aux deux femmes qu'elle trompait.

Inèsia dormait donc et ne se réveilla que long-temps après le lever du soleil. Bien loin d'avoir des pressentimens du malheur qui l'attendait, un long sommeil ayant rafraîchi ses sens, elle ouvrit les yeux avec calme, et joyeuse d'avoir passé une bonne nuit, qu'elle croyait que sa mère adoptive avait partagée avec elle.

La vieille Cyconia était près d'elle, mais non parée des riches vêtemens qu'elle portait la veille; elle était en négligé plus que simple, et paraissait hideuse sous cet accoutrement qui approchait de la misère : Eh bien, mon enfant, dit-elle à mademoiselle d'Oxfeld, avez-vous passé une bonne nuit?—Excellente, madame; mais il est bien tard?— Neuf heures. — Oh, mon Dieu! et madame la marquise est sans doute déjà levée. — Il y a long-temps, ma foi! — Elle va m'accuser de paresse. L'avez-vous vue? — Je l'ai vue! — Où est-elle? au jardin peut-être? — Il n'y a pas de jardin ici. — Chez elle apparemment. —Elle est... je ne sais où. Habillez-vous, ma belle enfant; et préparez votre courage à résister au coup le plus violent.—Que voulez-vous dire, madame? — Je ne sais comment vous apprendre cela. — Grand Dieu! je ne vois pas ma bonne mère; lui serait-il arrivé quelque accident? — Je ne le crois pas; il ne lui est rien arrivé sans doute; mais c'est à vous, mon enfant, qu'il arrive une chose bien douloureuse. — Laquelle? expliquez-vous? — Madame la marquise... — Eh bien? — N'est plus ici. — Elle n'est?... — Plus ici, vous dis-je. Cette nuit, elle a fait mettre les chevaux à sa voiture, et elle est partie avec sa femme de chambre. — Que dites-vous?— Oh, mon Dieu, elle est partie sans vouloir vous voir, ni vous parler. — Mensonge, madame, mensonge indigne!—Cherchez, cherchez par-tout;

vous ne la trouverez pas, non plus que sa voiture.

Quel coup de foudre pour Inèsia ! Elle voit bien clairement qu'on lui en impose, qu'on la trompe ; mais elle tremble pour les jours de la marquise. Elle s'écrie : Oh, les monstres ! ils l'auront assassinée !—Qu'appelez-vous, mademoiselle ; êtes-vous chez des scélérats ? est-on capable ici de pareils crimes ? Je vous dis que votre marquise vous a abandonnée ; la raison ? cherchez-là ; je ne puis la deviner, à moins qu'elle ne l'ait trouvée dans une lettre qu'elle a décachetée, lue, relue plusieurs fois, et qui a semblé lui causer le plus grand trouble.—Une lettre ? qui la lui a remise ? — Personne, devant moi surtout. Il paraît qu'elle l'avait sur elle, et que... — Allons, c'est un mensonge, je vous le répète, et vous me direz où est la marquise, ou je suis capable de tout. — De la fureur! Je vais vous envoyer des gens qui sauront vous contenir.

Elle sort, en fermant la porte à double tour. Inèsia, se voyant enfermée, jette des cris perçans... La porte s'ouvre bientôt, et elle voit entrer le comte et le colonel de Sessi. Eh, bon Dieu, mademoiselle, dit le comte, qui peut vous arracher de pareils cris?—Ma mère, monsieur? ma mère? il faut que je la voie. — Cela n'est plus en notre pouvoir, mademoiselle. Madame d'Arloy a quitté ces lieux; personne ne sait où elle est allée, et...

—Pardonnez-moi, mon frère, interrompt le colonel; madame la marquise retourne à son château d'Arloy. C'est du moins ce qu'elle m'a dit, quand je lui ai donné la main pour monter dans sa voiture.

Inèsia, au comble de l'étonnement,

est assiégée d'une foule de pensées, dont la principale, celle qui la frappe le plus, est que sa mère adoptive a été assassinée; car elle ne peut croire, de sa part, à un abandon volontaire. Elle s'écrie : Misérables que vous êtes tous ! qu'avez-vous fait ? où est-elle ? qu'est-elle devenue ? et que vais-je devenir moi-même ?

Un jeune homme entre précipitamment, se jette aux genoux d'Inèsia, et Inèsia reconnaît Léonardo !....

Léonardo, pâle, défait, dans un état visible de souffrance et de douleur, lui répond : Vous allez devenir, Inèsia, la femme d'un homme qui vous adore, qui, pour obtenir votre main, est capable des plus grands sacrifices. Voyez dans quel état m'a plongé un amour malheureux ! Je meurs, je languis, je mourrai si vous me refusez. Votre respectable tuteur est ici, avec moi ; c'est lui qui m'autorise à embrasser vos genoux, à vous supplier d'écouter le plus tendre comme le plus infortuné des amans.

Inèsia, en voyant Léonardo, a sondé sur-le-champ la profondeur de l'abîme qui s'ouvrait sous ses pas; elle a vu le piége et le but de l'éloignement de la marquise. Avant de vous répondre, dit-elle au jeune homme, en cherchant à se remettre, rendez-moi ma bonne mère, que je revoie madame d'Arloy? — Madame d'Arloy, belle Inèsia, n'est plus ici. — Monstre! as-tu donc eu la barbarie?... — Quel soupçon! quel odieux soupçon!... Inèsia, me jugez-vous un scélérat capable!... Votre marquise retourne tranquillement à son château ; elle et sa domestique jouissent de la meilleure santé. — Si cela est, me ferez-vous accroire qu'elles ne s'inquiettent pas de moi, qu'elles sont insensibles sur mon sort !—Sans doute elles préféreraient vous avoir auprès d'elles; mais elles savent que le sort, que mon amour s'y opposent, et il faut bien qu'elles s'y résignent; elles existent, Inèsia, c'est le point essentiel; elles existent, je vous en donne ma parole d'honneur.—Quelle ruse infernale avez-vous donc employée pour les séparer de ce qu'elles ont de plus cher.—C'est notre secret à tous. Vous l'apprendrez un jour, cette ruse innocente, et mon amour et votre bonheur me la feront pardonner; car, Inèsia, vous la reverrez, cette chère dame; oh, je vous réunirai toutes deux aussitôt que vous aurez daigné accepter ma main : vous serez sûre alors que je ne vous l'aurai pas offerte, cette main, teinte d'un sang que vous aimez, que vous honorez. Je vous certifie encore une fois que votre amie existe, et je le jure de nouveau sur l'honneur, serment que des gens de mon rang ne font jamais impunément.

Inèsia est un peu rassurée sur le sort de sa protectrice ; mais en songeant à celui qui l'attend, elle verse un torrent de larmes dans ses deux mains dont elle couvre sa figure. Cyconia s'écrie : Seigneur Léonardo ! elle va perdre connaissance, donnez-lui tous les secours....

Cyconia et sa nièce Catharina s'empressent autour d'Inésia qui refuse leurs services, et dit à Léonardo, en abaissant les bras le long de ses hanches et de l'air d'un criminel qui attend son arrêt : Eh bien, monsieur, me voilà à votre disposition, qu'allez-vous faire de moi? — Inèsia ! tout pour votre bonheur ! — Mon bonheur ! — Il est entre vos mains ; il dépend de vous. Devenez ma femme, Inèsia ; rendez-moi la vie, et je vous rendrai votre mère, tout ce qui peut combler vos vœux. — Elle est donc aussi votre prisonnière ? —Combien de fois faut-il vous répéter, Inèsia, que la marquise voyage maintenant, libre, sans contrainte ? quand je dis que je vous la rendrai, j'entends que vous serez libre de la revoir, d'aller la retrouver, de passer quelque temps auprès d'elle. Je me ferai un devoir moi-même de vous accompagner chez cette digne femme, qui me pardonnera en vous voyant heureuse.

Inèsia sentit le besoin de dissimuler. Elle lui répondit d'un ton plus calme: Eh quoi, monsieur, c'est à présent, c'est à l'instant même où j'éprouve un chagrin si vif, que vous me demandez une réponse ? Vous exigez que je vous aime comme cela, tout de suite; que je me décide en une minute !... Laissez-moi donc le temps de la réflexion. Quelques jours me suffiront.... je verrai.... je.... Où suis-je ici? Qui sont ces hommes, ces traîtres qui m'ont mise entre vos mains, et comment ont-ils eu une lettre de Gérald, de Fidély ?

Léonardo lui répondit : S'ils sont les amis de Gérald, ils sont aussi les miens. Leur nom est bien Sessi; ils ne vous en ont imposé en rien. Seulement, cette femme n'est point leur tante; elle l'est de Carli, dont voici la femme. Cette maison est à moi; on vous y a amenée, et l'on a usé de ruse pour en faire sortir la marquise, sans lui faire aucun mal, voilà l'exacte vérité.—L'affreuse vérité !— A présent, vous me demandez du temps.... Je sens qu'en effet.... le consentement que je demande serait bien prompt.... Il vous faut.... C'est que, moi-même, je suis bien pressé... plus pressé que je ne puis le dire.... vous ne savez pas dans quelle position je me trouve....elle est bien critique... Allons, deux jours, si vous voulez; je vous les accorde. Vous resterez ici, sous la garde de ces deux amis fidèles et de leurs gens. Je... je vais m'absenter ; je vais à Crémone, à deux pas d'ici.... il le faut, et, dans deux jours, je viendrai savoir votre réponse. Belle Inèsia, songez-y ; si elle ne m'est pas favorable, vous nous préparez, à tous les deux, les maux les plus terribles. Adieu !

Léonardo sortit, et Inèsia passa la journée à verser des larmes, sans vouloir prendre de nourriture.

Que pouvait-elle dire et faire ? elle n'était entourée que de traîtres. De grosses barres de fer grillaient toutes les croisées de la maison, qu'elle n'avait pu examiner la veille, attendu que les rideaux en étaient tirés. Elle n'avait devant les yeux que les figures de ces deux méchans frères, de la vieille Cyconia, de la robuste Catharina, et de ce Carli, coquin subalterne, qui la regardait en sournois, avec des yeux où se peignaient l'ironie et la méchanceté. La pauvre Inèsia n'avait donc personne à qui elle pût se plaindre, et, en outre de la douleur qu'elle éprouvait de cette seconde captivité plus dure que la première, l'inquiétude de ce qui était arrivé à la marquise aggravait ses peines. Elle ne se fiait pas beaucoup à la parole *d'honneur* de Léonardo, et, dans tous les cas, elle se peignait les regrets, les larmes, les soupirs et les sanglots de sa bonne mère adoptive.

La nuit vint redoubler le sombre

de ses tristes réflexions. Cyconia l'engagea à prendre du repos dans le même lit où elle avait couché, la veille, près d'elle ! Inèsia, qui avait cette vieille en horreur, exigea qu'elle lui donnât la chambre sise à l'autre bout du corridor, où l'on avait logé la marquise. Comme cette chambre étoit également grillée et très-sûre, la vieille, après en avoir référé aux avis des frères Sessi, vint lui dire que son vœu serait rempli. En conséquence, Cyconia la conduisit dans cette chambre et l'y enferma à double tour, sans lui laisser de lumière, dans la crainte chimérique qu'un acte de désespoir ne portât la belle affligée à mettre le feu à la maison.

Inèsia se mit au lit toute habillée, de peur de quelque surprise. Elle ne put dormir ; elle ne put que penser à ses malheurs, à sa mère adoptive et à son cher Fidély. Hélas, se dit-elle! si cet homme si puissant, *Il Sosio*, savait dans quel piége je suis tombée ! Il m'a déjà délivrée des mains de ce seigneur méchant et tyrannique, il briserait ces nouveaux fers dont il me charge ! Que ne puis-je l'en informer !... Voyons si, à la clarté de l'astre de la nuit, qui brille en ce moment de tout son éclat, je ne pourrais pas lui écrire deux mots... J'ai mon porte-feuille, un crayon ; écrivons.

Elle trace ce peu de mots sur un papier.

« *La malheureuse Inèsia est encore au pouvoir de Léonardo, dans une maison isolée, aux environs de Crémone....* »

(Elle avait retenu que Léonardo lui avait dit, le matin, que cette ville était à deux pas de la maison isolée.)

« *Elle*

« *Elle supplie le grand* Il Sosio *de venir à son secours. Elle n'aime et n'aimera toujours que Fidély.* »

Elle ploya ce papier en forme de billet ; puis, ayant mis dessus : *à Il Sosio*, seule suscription qui lui avait déja réussi, elle ouvrit doucement sa croisée, qui donnait sur les champs, et l'y jeta à travers un des trous de la grille. Inèsia s'imagina que quiconque le ramasserait, à moins qu'il ne fût attaché à son ravisseur, se hâterait, par respect ou par peur, de le faire parvenir à *Il Sosio* dont les traces étaient aisées à suivre dans toute l'Italie.

Quand on est malheureux, le plus faible rayon d'espoir nous apporte toujours quelque consolation. Inèsia l'éprouva ; elle se remit sur son lit et s'endormit profondément. A peine était-elle plongée dans ce sommeil salutaire, qu'elle fut éveillée par une voix qui l'appelait à travers sa porte, mademoiselle Inésia ? mademoiselle Inèsia ? — Qu'est-ce ? que me veut-on ? — C'est moi, c'est Carli. — Misérable ! qu'as-tu à me dire, à cette heure ? —Taisez-vous ; parlons bas ; c'est pour votre bien. — Pour mon bien, scélérat ! est-ce de toi que je puis l'attendre ? —Parlons bas, vous dis-je, et écoutez avec attention le conseil salutaire que je viens vous donner. — Toi, un conseil salutaire ? — D'abord, pour vous prouver ma franchise, et combien je m'intéresse à vous, je vais vous dire comment on s'y est pris pour déterminer la marquise à fuir, l'autre nuit, et ce qu'elle est devenue.

Inèsia, à ces mots, qui fixent son attention, lui répond : Parle, je t'écoute, et je saurai bien deviner si tu m'en imposes.

Carli lui dit la vérité ; il lui raconte tous les détails de l'entrevue nocturne de sa tante Cyconia avec la marquise d'Arloy. Il ne cache pas que sa femme joua le rôle d'Inèsia, qu'elle monta en voiture, après avoir pris tous les habits de mademoiselle d'Oxfeld pendant son sommeil, habits qu'elle rapporta et replaça près de la jeune demoiselle, avant qu'elle se reveillât. Il fit voir ainsi à Inèsia que la marquise n'était partie que parce qu'elle croyait avoir près d'elle l'objet de son affection. Il lui détailla de même toutes les mines que Catharina avait faites dans la voiture, et avoua qu'il avait laissé la marquise et Micheline au milieu d'un bois, enfermées dans leur berline, aux portières de laquelle il avait fait mettre des serrures à secret, pendant l'indisposition de madame d'Arloy, qui l'avait retenue quelques jours à Desinzano.

Tout paraissait vrai dans ce récit, comme tout l'était en effet ; mais quel intérêt avait ce coquin à faire un pareil aveu ?... Il ajouta : Je suis bien coupable, mademoiselle, j'en conviens ; mais rassurez-vous sur le sort de madame. J'ai appris hier soir qu'on était venu à son aide et qu'elle cheminait tranquillement vers Milan. Ceci est vrai comme il faut mourir un jour. Vous entendez bien qu'elle n'a pas pu revenir ici, puisqu'elle ignore la situation de cette maison isolée, qu'on appelle *le Puits de la Mort*. Ne vous effrayez pas de ce nom ; grâce au ciel, on n'y tue plus personne ; mais autrefois, des voleurs, des brigands !.... Ah ça, je vous ai fait ce récit sincère pour vous mettre en garde contre un tour semblable que les messieurs Sessi se proposent de vous jouer. Ils feindront de se repentir ; ils vous proposeront de vous tirer de captivité, des mains de monseigneur Léonardo, de vous conduire enfin chez le seigneur Gérald, chez votre cher Fidély, chez votre madame la marquise ; refusez, résistez ; vous seriez perdue si vous cédiez à leurs conseils. Ce sont des hommes si atroces !... Je vous le répète, mademoiselle, quelque bienveillans qu'ils vous paraissent, n'en croyez point leur parole, et attendez du temps un libérateur que le ciel ne tardera pas à vous envoyer, je puis vous l'assurer.— Le connaissez-vous, Carli, ce libérateur ?—Eh, pardi, qui est-ce qui vous a déjà délivrée à Bologne ? n'est-ce pas *Il Sosio?*—

Quoi, *Il Sosio* viendrait... il pourrait !.... — Suivez mes avis, mademoiselle, et croyez que Carli est maintenant aussi repentant que zélé à vous rendre tous les services qui dépendront de lui.... Mais, adieu ; il y a long-temps que je cause là ; si j'avais été entendu !... je ne le crois pas ; ces messieurs sont là-haut, et ma tante Cyconia dort profondément à l'autre extrémité de ce corridor.... Adieu, chère et trop malheureuse demoiselle !...

Il se retira sur la pointe du pied. Inèsia réfléchit ; elle ne peut croire à l'intérêt spontané que lui témoigne un pareil misérable. Ce qu'il a dit est pourtant vraisemblable ; il n'y avait que ce moyen à prendre pour déterminer la marquise à quitter la maison. Une Inèsia supposée, qui versait des larmes, se jetait dans ses bras, sur son sein, cela a dû lui faire illusion, et tout doit être vrai dans ce récit que Carli a terminé en citant *Il Sosio*. Carli aura eu peur d'être puni par ce grand personnage, s'il continuait à rester dans le complot tramé contre Inèsia, et c'est ce qui a déterminé cet homme vil à parler. Au surplus il lui a rendu service; il l'a, comme il se le proposait, mise en garde contre les nouvelles trahisons des Sessi, et elle refusera maintenant toutes leurs offres, quelqu'obligeantes qu'elles paraissent.

La journée du lendemain se passa aussi tristement. Inèsia crut remarquer cependant que les deux frères Milanais la regardaient, la traitaient avec beaucoup plus de douceur et d'égards, qu'ils étaient auprès d'elle plus aux petits soins, qu'ils la plaignaient et commençaient à blâmer la dureté et l'amour obstiné, barbare même, de leur ami Léonardo. Ils semblaient se contenir à table, devant Carli qui servait; mais, quand ce domestique était absent, ils adressaient à Inèsia mille paroles consolantes, et blâmaient de nouveau Léonardo. Cela fit voir à notre héroïne que Carli n'avait pas tort, et que ces méchans tramaient quelque nouvelle perfidie.

Le soir, elle se retira dans sa chambre et se mit au lit, encore toute habillée ; mais il était décidé qu'elle serait réveillée en sursaut, chaque nuit, dans son premier sommeil. Tout à coup, un bruit de pas, de voix confuses, de gens qui paraissent se disputer, se fait entendre dans le long corridor de sa chambre... Une voix s'écrie: *Il n'y a qu'à brûler la cervelle à ce coquin-là !*

La

Le bruit augmente, et Inèsia frémit en entendant une foule de gens qui s'arrêtent et frappent à sa porte...

CHAPITRE IV.

Nouveaux défenseurs, encore mystérieux.

Nous avons laissé la marquise d'Arloy, enfermée dans sa voiture avec Micheline, au milieu d'une forêt immense. Carli et sa femme Catharina, vêtue comme Inèsia, venaient de les quitter, de les injurier même, en se prenant le bras, en s'enfonçant dans les taillis. On les perdit bientôt de vue. La marquise, au désespoir, se mit à jeter des cris perçans en appelant : A l'aide ? au secours ? coquins ! misérables !

Micheline était trop indignée pour pouvoir crier ; elle cherchait à ouvrir les portières, ce qui lui était impossible, puisque nous savons qu'on en avait changé les fermetures. Micheline s'écriait : Madame, madame, calmez-vous ! le ciel ne nous abandonnera pas ; il enverra à notre secours... Ces monstres, voyez-vous ! et cette vieille infernale, qui nous a débité sans doute un tas de mensonges pour arriver à nous faire descendre malgré nous !...Je me disais bien aussi : mais, mon Dieu, est-ce que mademoiselle Inèsia est grandie depuis hier ?... Elle me paraissait plus grande, plus forte, plus hommasse... Cette vilaine fille de basse-cour qui avait pris sa robe, son bonnet, jusqu'à son voile de dentelle blanc qui lui couvrait toute son odieuse figure ! qui n'aurait pas cru que c'était là mademoiselle d'Oxfeld ?... Eh bien, ces maudites portières ne s'ouvriront pas, à présent !.... Quelle situation !

mon Dieu, quel embarras! qui nous en tirera!... Je ne suis pas dévote; mais si je savais que cinq *pater* et cinq *ave* pussent nous attirer la miséricorde du ciel!... Je vous dis que ces chiennes de portières tiennent aujourd'hui !.... Allons, il n'y a pas moyen de les ouvrir... Vous pleurez, ma bonne, ma chère maîtresse! — Et notre enfant, Micheline! notre Inèsia qui est restée là-bas! qu'en veut-on faire? qui la retient là? — Oh, mon Dieu, c'est un second enlèvement, allez. Léonardo va y venir la tourmenter encore. Ces coquins de Sessi n'agissaient que pour lui. Nous, nous devenions importunes, on nous a mises à la porte; allez où vous pourrez. — Je le crains, ma pauvre Micheline. — Pardi, ils ne s'en sont pas cachés; cette Catharina vient bien de dire qu'Inèsia dormait dans la maison isolée, et que Léonardo allait venir la réveiller. Oh, qu'il y a donc de grands misérables dans le monde ! — Inèsia ! ma fille ! que vas-tu devenir, quand, en ouvrant les yeux!... O divine Providence! vous permettez de pareils forfaits ! — Patience, elle sait les punir aussi, et les méchans, un jour... — Mais, en attendant, les bons souffrent. — Les bons triompheront.... Si ces portières s'ouvraient, je monterais sur le siége, moi, je vous menerais. Il faut qu'on les ait ensorcelées.

Micheline s'efforçait toujours d'ouvrir. N'en pouvant venir à bout, et s'étant meurtrie en vain les bras et les mains, elle se renfonça, de dépit, sur son siége, en s'écriant : Allons, au bonheur, attendons le premier venu. — Le premier venu ! s'il passe par ici des brigands ?... — Eh bien, ils nous ouvriront du moins s'ils veulent nous voler ; car je ne sais pas ce que je donnerais pour que nous eussions notre liberté.

La marquise fondait toujours en larmes, et Micheline manifestait sa douleur par de l'humeur, par de brusques imprécations contre les méchans ; les heures s'écoulaient ainsi, et il ne passait personne. Cela ne devait pas surprendre ; Carli avait abandonné nos dames dans un chemin de traverse, où il y avait à peine la voie d'une voiture.

Enfin, le bruit de la coignée d'un bûcheron, qui travaillait à deux pas, fixa l'attention de la marquise et de Micheline ; elles s'écrièrent : Au secours ! au secours ! et Dieu sait si les voix de deux femmes dans une pareille situation savent se faire entendre !... Elles virent bientôt s'approcher le bûcheron, jeune homme déguenillé, mais grand et robuste. Mon ami, lui dit la marquise, mon coquin de cocher m'a laissée là sur ce chemin où il m'a égarée. Je te récompenserai bien si tu veux me dire où nous sommes, et conduire mes chevaux jusqu'au prochain village. — Madame, lui répondit le rustre, qui heureusement était un honnête homme, oui-da, je le voulons ben. Vous êtes à une lieue de Cavernago, qui est à une petite heure de Bergame, pour une dame en voiture. Mais c'est drôle que ce cocher vous ait mise dans ce vilain chemin, qui est tout plein de boue et d'ornières, tandis qu'il pouvait prendre la grande route, là-bas, à ces grands arbres que vous voyez. — C'est un coquin, te dis-je, mon ami, qui sans doute est allé chercher ses camarades, dans cette forêt, pour voler.—Oh, gnia pas de voleurs dans ce bois ; j'y logeons, mon père, ma mère, mes frères, sœurs et moi ; je le saurions ben, peut-être. — C'est encore un bonheur qu'il ne nous ait pas abandonnées dans un coupegorge. — Si gn'avait des voleurs, ils aurions dévalisé un jeune homme et une belle demoiselle que j'ons vu passer, il y a plus de deux heures, dans ces taillis là-bas, et qui rions aux éclats en se tenant bras dessus, bras dessous. Oh, c'te forêt est sûre, allez!

C'était Carli et Catharina que le bûcheron avait vus, et qui riaient de l'embarras dans lequel ils laissaient la marquise.

Micheline dit à ce jeune homme : En grâce, mon ami, tire-nous d'abord d'ici, car nous mourons d'inquiétude et de besoin. — Je le voulons ben ; mais je n'savons pas mener assis là-haut, en cocher; j'allons mener les chevaux par la bride; ça s'ra plus long, mais je n'en arrivrons pas moins.

Cet homme eut beaucoup de peine à rétablir l'équilibre de la berline, qui était à moitié penchée dans un ravin. Il en vint à bout néanmoins, et eut bientôt rejoint la grande route où le chemin était devenu excellent. Au moins, dit Micheline, nous voilà hors de notre solitude; ici, nous voyons aller et venir des voyageurs, c'est plus amusant. En voilà trois à cheval qui viennent, et qui sont mis comme des seigneurs. Tenez, regardez donc, madame?—Micheline!.... je ne pense qu'à Inèsia.—Nous voilà, pour le moment, sorties d'un grand embarras; le ciel nous favorise et nous rendra Inèsia; j'en ai l'heureux pressentiment.... Mais, comme ils sont brillans, ces trois voyageurs ! Ils ont chacun un domestique à cheval aussi derrière eux. Les voilà tout près de nous ; ils regardent d'un air surpris le bûcheron qui nous conduit. Plaisant cocher en effet, pour la voiture de madame la marquise d'Arloy.

Micheline a dit ces mots, sans y penser, assez haut pour être entendue des voyageurs. L'un d'eux s'écrie : Madame la marquise d'Arloy !... Elle serait dans cette voiture ! — On vous nomme, madame, répond Micheline. Ces messieurs paraissent vouloir vous parler. Arrête, bûcheron, arrête ?

Le paysan suit l'ordre qu'on lui donne. Un des trois voyageurs met sa tête à la portière et dit : Pardon, mesdames ; l'une de vous n'a-t-elle pas prononcé le nom de madame la marquise d'Arloy ? — C'est moi, répond Micheline, et la voilà, madame la marquise. — Seule ? où est donc mademoiselle d'Oxfeld? — Vous la connaissez ?

La marquise essuie ses larmes et prend la parole en ces termes : Qui êtes-vous, monsieur, pour nous témoigner un pareil intérêt ? — Vous êtes bien madame d'Arloy, madame? — Je la suis, et vous ? — Nous sommes envoyés tous les trois, au-devant de vous, madame, par un des plus grands seigneurs de ces provinces, pour vous sauver du piége que vous tendent deux misérables qu'on appelle les frères Sessi. — Les frères Sessi! Oh, vous avez raison, messieurs, ce sont deux grands scélérats qui nous ont fait bien du mal ! — Mais, où sont-ils? on nous avait assurés qu'ils vous accompagnaient.

Où est donc aussi mademoiselle Inésia d'Oxfeld ? — Messieurs, pardon, depuis quinze jours, je ne suis entourée que de traîtres, que de piéges, que de scélératesse ; il m'est bien permis de montrer un peu de défiance. — Cela est pardonnable sans doute ; mais je vous le répéte, madame, nous sommes envoyés par un prince souverain qui, aussitôt qu'il a appris l'abus de confiance dont on a usé envers vous, nous a ordonné de vous chercher par-tout, de vous débarrasser de deux traîtres, et de vous accompagner, vous et mademoiselle d'Oxfeld, jusqu'à Milan, où vous devez retrouver le... le seigneur Gérald, votre fils Fidély, les objets de toutes vos affections. Nous sommes, vous dis-je, chargés de vous conduire vers eux. — O Micheline, quel bonheur ! et en même temps

quel malheur qu'Inèsia ne soit pas là.
— En grâce, madame la marquise, daignez me répondre ; où est-elle ? où sont ces vils Sessi ? Veuillez permettre que nous montions dans votre voiture, où nous serons plus libres de causer.

Micheline objecte qu'il est impossible d'ouvrir les portières. Le voyageur les examine et dit : Je le crois aisément ; madame oublie donc que ses portières ferment à secret ? — A secret ! Les misérables en auront adapté là à notre insu.

Le voyageur fait descendre de cheval un de ses domestiques qui se connaît à ce genre de fermeture. Ce domestique trouve aisément le secret et ouvre des deux côtés. Le voyageur entre dans la berline ; ses deux camarades mettent leur tête dedans à chaque portière qui est ouverte, et la voiture devient une espèce de salon, où l'on cause, où l'on s'explique. Les figures de ces trois particuliers sont franches, ouvertes, inspirent la confiance. La marquise leur raconte en détail tout ce qui lui est arrivé, ainsi qu'à Inèsia, jusqu'au moment heureux de leur rencontre.

Nous sommes venus trop tard, s'écrie le premier voyageur. Léonardo tient maintenant sa victime, et nous ignorons où elle est ; car madame ne peut pas nous dire en quel lieu, où est située cette maison isolée que nous ne connaissons nullement. — Je l'ignore. J'y suis entrée, j'en suis sortie de nuit. Je ne me rappelle aucune localité qui puisse vous l'indiquer. — Le prince sera plus furieux que jamais contre Léonardo, quand il saura cela. Notre devoir néanmoins est d'aller le lui appren-

dre le plus vîte possible , et de vous conduire à Milan , madame, où vous attendent des événemens, des changemens on ne peut pas plus heureux pour vous, pour Fidély et pour mademoiselle d'Oxfeld , qu'il faudra bien qu'on retrouve ! Si nous avions pu être assez diligens pour vous rencontrer hier avec ces frères Sessi !....
— Qu'auriez-vous fait, monsieur ?
— Nous leur aurions montré un ordre, dont nous sommes porteurs, et qui les eût fait trembler ; nous les aurions constitués prisonniers dans les cachots de la première ville, et vous seriez aujourd'hui à Milan, avec votre chère Inèsia ! Nous n'avons pas perdu de temps ; mais ils ont eu sur nous un jour, et c'est beaucoup. Nous verrons ce que mon prince en décidera. Rendons-nous toujours à ses ordres; veuillez nous accompagner, madame

la marquise, et soyez bien persuadée que vous n'avez plus avec vous des traîtres comme ces méchans Milanais. — Oserais-je, messieurs, vous demander le nom du prince dont vous me parlez. — Il en fait encore un secret, madame; mais il faudra qu'il vous le dise bientôt lui-même, puisque vous aurez, en quelque façon, l'honneur de lui appartenir. — Moi, messieurs, j'appartiendrais à un prince !...—Du moins, il vous prendra, comme amie, sous sa haute protection.—Ah, bon Dieu ! rêvé-je !.... oui... c'est cela... j'y suis : ce prince, messieurs, n'est autre qu'*Il Sosio*, qui m'honore en effet de quelque intérêt. — Il n'est plus question, madame, d'*Il Sosio*; ce grand personnage est occupé de soins militaires plus importans. Le prince Eugène avance; il est devant Crémone;

mone; il faut que Philippe V lui oppose une vigoureuse résistance; c'est ce qu'il fait. — Vois-tu, Micheline, que c'est Philippe V, le protecteur de mon fils; je l'ai toujours dit.

Micheline, qui n'est pas du tout convaincue de cela, est sur le point de lever les épaules; mais elle se retient par décence.

Le voyageur reprend : Vous daignez venir avec nous, n'est-il pas vrai, madame la marquise? Nous sommes trois des principaux officiers des gardes du grand prince dont nous avons l'honneur d'accomplir les ordres auprès de vous ; c'est vous dire assez que vous ne courez aucun danger en vous confiant à notre conduite. — Messieurs, je ne doute pas.... Mais que me veut donc votre maître ? — Il éprouve pour mademoiselle Inésia le plus vif intérêt; il veut faire son bonheur, et par conséquent le vôtre, madame, attendu que vous êtes la mère adoptive de cette jeune personne, et que M. Fidély vous doit le jour. Tel était son but, du moins; il n'est accompli qu'à moitié, puisque nous ne pourrons lui présenter que vous; mais il est assez puissant pour faire trembler maintenant Léonardo, et pour lui arracher sa victime. Au surplus nous agirons d'après les ordres qu'il nous donnera !.... Mon domestique va vous servir de cocher, et nous resterons à cheval devant ou à côté de votre voiture. Partons, madame, à l'instant même; dans six heures d'ici, nous serons à Milan.

On partit en effet, et la marquise, seule dans sa berline avec la fidèle Micheline, fit mille réflexions sur le hasard singulier qui la faisait voyager ainsi malgré elle, et avec des gens qu'elle ne connaissait pas, qui pouvaient la tromper comme les autres l'avaient déjà fait. Micheline la rassura ; mais toutes deux n'en restèrent pas moins inquiettes du sort qu'éprouvait, en ce moment, leur chère et infortunée Inèsia.

CHAPITRE V.

Nous retrouvons un bien bon ami.

Gérald et Fidély, tous deux revêtus d'uniformes élégans, au grand étonnement de ce dernier, allaient quitter la maison de Vernex, où ils étaient descendus la veille, place du Dôme à Milan, lorsqu'une superbe voiture s'arrêta à leur porte, et qu'ils entendirent un domestique demander à Bertolio si le seigneur Gérald était arrivé ? — Oui, répondit Bertolio ; mais si on veut le voir, il faut qu'on se dépêche ; car il va sortir.

Gérald regarda par une croisée, et vit descendre de voiture le digne archevêque d'Auch, monseigneur Ayrard de Clermont-Lodéve, accompagné du chanoine Béraud. Monseigneur monta et se jetant dans les bras de Gérald, il s'écria : Grâce au ciel, je vous revoie, et je vous retrouve heureux, rentré en grâce ; oh ! ce jour est le plus beau de ma vie !... mais peut-on parler ? ce jeune homme sait-il ?... — Il ne sait rien encore, monseigneur. De nouveaux motifs... que je vous confierai, m'ont empêché de lui apprendre le changement heureux, inouï, qui est arrivé dans ma.... dans mes affaires. Ce changement, monseigneur, je vous le dois. C'est vous qui avez calmé la juste colère d'un.... — Oh, ce n'est pas moi seul, mon cher Gérald, et vous savez quel puissant monarque a parlé en votre faveur. Il a plus obtenu que moi, je vous l'assure ! Enfin vous voilà remis à votre place ? — Pas tout-à-fait encore. Cela dépendra de.... de nos succès dans cette campagne. — J'entends ; mais je connais votre valeur éprouvée, et je ne doute pas que votre cher fils ne vous seconde à merveilles.

Fidély, étonné, s'écrie : Monseigneur sait ?....—Oui, je sais que vous êtes le fils de cet homme de bien, qui fut si long-temps infortuné. Il me confia ce secret à Auch, l'été dernier, en me faisant une confession entière de toutes ses fautes. Il exigea que je gardasse ce secret, pour des raisons que vous approuverez comme moi, quand vous les connaîtrez ; mais aujourd'hui que tout lui réussit, je ne vois pas d'inconvénient à vous donner un titre qui doit enflammer votre zèle et votre valeur; car, cher Fidély, vous êtes le fils d'un grand homme ! — Je n'en ai jamais douté, monseigneur !

Gérald interrompt : En voilà assez sur mon éloge, sage Ayrard, dites-moi ce qui me procure l'honneur de vous voir ?—Le Pape m'avait mandé, pour des affaires concernant l'église chrétienne, apostolique et romaine. J'ai quitté mon diocèse pour me rendre, avec Béraud, auprès de Sa Sainteté. Ma mission est finie, et, en revenant ici, j'ai voulu vous visiter, revoir en même temps le vieillard en question, chez lequel je vais de ce pas. Il faut bien que je le remercie d'avoir ajouté foi à tout ce que je lui ai écrit et dit en votre faveur ; car je l'ai vu il y a un mois, en allant à Rome, et j'ose me flatter de l'avoir bien disposé pour vous.... Un homme plus puissant que moi l'a décidé à vous pardonner ; nous avons réussi enfin, et nous approchons du dénouement. O mon ami ! que je suis heureux d'avoir pû contribuer à un aussi grand changement

Fidély écoutait et ne savait que penser de tout ce qu'il entendait. Ce digne archevêque et un puissant monarque avaient obtenu le pardon de son père! Qui était-il donc, ce père mystérieux qui avait de si grands protecteurs.

Le digne prélat, après avoir serré Gérald dans ses bras, daigna accorder la même faveur à Fidély, qui la reçut avec respect et en soupirant. Qu'a-t-il, dit le sage Ayrard? Qu'a-t-il, Gérald, votre cher fils? Je le trouve changé et bien triste.

Gérald répond : Ce monstre de Léonardo lui a enlevé, une seconde fois, Inèsia! Et c'est ma faute, digne Ayrard; c'est ma faute, voilà ce qui me désespère et lui aussi.

Gérald raconta alors en détail au prélat

prélat la manière indigne dont les frères Sessi avaient abusé de sa confiance, de celle de Fidély, en profitant de leur lettre pour livrer Inèsia au traître Léonardo. Il ajouta : Notre plus grand chagrin est d'ignorer absolument ce qu'ils ont fait d'Inèsia, de sa mère adoptive ; car des renseignemens, venus hier soir de France, m'apprennent que ces dames ont quitté leur château, pour suivre en effet les deux misérables qui les auront remises sans doute entre les mains de Léonardo. Léonardo, qui vient d'être banni à perpétuité de Milan, est parti cette nuit ; on ne sait de quel côté il a tourné ses pas. S'il quitte l'Italie, comme l'ordre lui en est donné, il emmènera Inèsia dans quelque coin de l'Europe, où il la cachera à tous les regards, où ce scélérat la tiendra captive peut-être ; et cette jeune personne sera à jamais perdue pour nous !... O mon cher fils, combien de maux je t'ai causés par une trop coupable confiance !

Fidély répandit des larmes dans le sein de son père, et le sage Ayrard partagea ses regrets de la manière la plus touchante. Mon fils, lui dit-il, mon cher Fidély, croyez que Dieu, qui a déjà tant fait pour votre père, pour vous, tarira cette nouvelle source de vos larmes ! il vous rendra le digne objet que vous aimez... Mais au surplus, mon jeune ami, rappelez-vous tout ce que je crois vous avoir déjà dit plusieurs fois : il est possible qu'Inèsia ne soit jamais votre épouse !... Vous me regardez avec étonnement ?... Quand vous vous connaîtrez, vous sentirez que j'ai raison... Si votre père... si un second père encore, de qui vous allez bientôt dépendre, s'opposent à cette union disproportionnée!... — Disproportionnée, monseigneur? — Eh, mon Dieu, la suite ne vous l'apprendra que trop... Quand votre père y consentirait, je doute qu'un autre... — Quel autre pourrait s'opposer aux volontés de mon père? — Je ne dis pas que cela sera, mais tout me le fait craindre!

Gérald réplique : Et moi aussi, Fidély, je redoute cet obstacle insurmontable. Je t'ai toujours dit que dans tous les cas, qu'heureux ou malheureux, il te serait au moins difficile, pour ne pas dire impossible, de devenir l'époux d'Inèsia ! Souviens-toi que je te l'ai dit, notamment à l'hermitage Saint-Fulgence ? Tu ne sais pas tout, mon ami ! — Eh mais, mon père, je ne sais rien. — Quand tu seras éclairé sur ton sort, sur le mien, je te rendrai juge dans ta propre cause, et tu verras que mes pressentimens n'étaient que trop justes. Inèsia et toi, vous vous aimiez, j'ai eu pitié de cet amour, je ne l'ai pas contrarié comme j'aurais dû le faire, et j'ai peut-être eu tort. Aujourd'hui, le sort te sépare de celle que tu adores, c'est un grand chagrin pour toi; mais si c'était un bien ! Si nous ne devons pas obtenir l'aveu d'une personne bien respectable, et qui va avoir de l'autorité sur toi autant qu'elle en a sur moi... tu sens !... — Mon père, vous ne m'avez jamais parlé de cette personne ? Auriez-vous encore l'auteur de vos jours ? — Je l'ai perdu, mon ami, il y a bien long-temps. Ne me presse pas de questions ; encore ce dernier effort sur toi-même ? Je le répéte, si nous obtenons des succès dans cette campagne, tu sauras tout ; ainsi cela ne peut pas être long.

Gérald s'adresse à l'archevêque : Il est certain, monseigneur, que j'ai encouragé leurs amours. J'avais même mandé la marquise et son Inèsia à Milan, dans l'espoir de parvenir à unir un jour nos jeunes amans. J'aurais prié, supplié ; leur présence même eût pu attendrir le vieillard... A présent, nous ne savons plus où trouver Inèsia, et le départ subit de Léonardo nous fait craindre que nous ne la retrouvions jamais !...

Gérald soupira, Fidély resta plongé dans une mer de pensées, et le bon archevêque sortit, en disant : Je vais le remercier, comme je vous l'ai dit, mon cher Gérald, ce vieillard trop long-temps irrité. Mon projet est de passer quelques mois ici ; nous aurons par-là le temps de nous voir, à moins que la carrière militaire, que vous allez courir, ne vous sépare trop long-temps de moi. Sans adieu, bons et fidèles amis, sans adieu.

Le sage Ayrard remonta, avec Béraud, dans sa voiture, et Gérald, prenant la main de son fils, lui dit : Allons, mon fils, viens voir notre général. Nous nous devons, avant tout, à la patrie ; elle réclame nos bras, nos cœurs, tout notre être ; il faut lui en faire, avec courage, le généreux sacrifice. Suis-moi !

Fidély, quoiqu'accablé de douleur, suivit Gérald, et tous deux se rendirent chez le commandant de la place de Milan, qui les reçut avec la plus grande politesse. Ce commandant, nommé le comte d'Alberoni, salua profondément Gérald, fit un accueil des plus flatteurs à Fidély, et, les ayant fait asseoir, il leur parla en ces termes :

« Vos voyages, M. Gérald, et une longue absence de votre pays natal, me font présumer que vous ignorez, ainsi que ce jeune homme, les causes de la guerre qui se rallume plus vivement que jamais dans ces contrées. Je vais vous les dire. Depuis long-temps les puissances qui nous environnent soupiraient dans l'attente de la succession au trône d'Espagne, quand Charles II, mort sans enfans, laissa, par son testament, sa couronne au duc d'Anjou, petit-fils de Louis XIV, roi de France. Ce prince prit donc possession de cet important héritage, sous le nom de *Philippe V*. Les potentats de l'Europe, alarmés de voir la monarchie Espagnole soumise à la France, se mirent soudain presque tous contre elle. Les alliés n'eurent d'abord pour objet que de démembrer ce qu'ils pourraient de cette riche succession, et ce ne fut qu'après plusieurs avantages qu'ils prétendirent ôter le trône d'Espagne à notre bon roi Philippe. La guerre commença par l'Italie. L'empereur Léopold, voulant procurer ce trône à son fils, l'archiduc Charles, y envoya, l'année dernière, le prince Eugène, avec une force considérable. Eugène donc, à la tête de trente mille hommes, pénétra dans l'Italie par les gorges du Tyrol. Il amusa d'abord les généraux français par des feintes, et força le poste de Carpi, après cinq heures d'un combat sanglant. Ce succès rendit l'armée allemande maîtresse du pays entre l'Adige et l'Adda; elle pénétra dans le Bressan, et le maréchal de Catinat, qui commandait l'armée Française, se vit forcé de reculer jusque derrière l'Oglio. Le maréchal de Villeroi vint lui ôter le bâton de commandement et fut encore moins heureux ; il passa l'Oglio pour attaquer Chiari, dans le duché de Modène. Le prince Eugène, retranché devant ce poste rempli d'infanterie, battit le général français, le contraignit d'abandonner presque tout le Mantouan, et la campagne finit par la prise de la Mirandole.

» Depuis quelques jours, messieurs, elle a recommencé d'une manière bien terrible pour nous. On vient même de recevoir, à l'instant, la nouvelle que, tandis que le maréchal de Villeroi dormait, cette nuit, tranquillement dans Crémone, Eugène a pénétré dans cette ville, par un égout (1) et s'en est emparé.

---

(1) Tous ces détails sont historiques.

Son activité, sa prudence, jointes à la négligence du gouverneur, lui ont donné cette place ; mais la valeur des Français et nos propres efforts la lui ôteront. Cette triste nouvelle vient d'être envoyée sur-le-champ à la cour de France, et personne ne doute qu'elle ne prenne de grandes mesures pour réparer les fautes de Villeroi, et chasser les Impériaux.

» Les choses sont dans cet état, messieurs, au moment où vous nous offrez vos services, que nous acceptons. Vous aurez chacun un corps de mille hommes sous vos ordres, et vous partirez, à l'heure même, pour rejoindre la grande armée française, qui n'est qu'à vingt-cinq lieues d'ici. Je vous ai fait préparer des chevaux ; partez, et que votre zèle, votre courage, votre intrépidité fixent les regards de vos chefs, qui n'attendent, pour vous rendre complettement heureux, que des actions d'éclat de votre part, ce à quoi je m'attends et qui ne m'étonnera nullement ».

Le commandant passa dans une autre pièce avec Gérald. Tous deux s'entretinrent long-temps en particulier, et, en attendant son père, Fidély reçut les félicitations d'une foule d'officiers qui lui parlèrent chapeau bas, avec une sorte de respect dont il fut fort étonné.

Gérald revint avec le commandant, qui le reconduisit, ainsi que son fils, jusqu'au bas de l'escalier, de l'air le plus humble et le plus soumis.

Leurs chevaux et deux domestiques, que Fidély n'avait jamais vus, les attendaient dans la cour. Ils montèrent sur leurs coursiers, et Gérald dit à son fils : Allons, mon ami, partons, notre poste est sous les murs de Crémone.— Mon père ! et Inèsia ?—

Il faut l'oublier pour le moment, mon fils, puisque nous ignorons où la trouver. — Inèsia, grand Dieu ! — La gloire, Fidély, la gloire ! voilà aujourd'hui notre seule maîtresse à tous les deux !

Ils galopent.

CHAPITRE VI.

La vérité paraît mensonge dans la bouche des fripons.

Les frères Sessi, que Léonardo avait établis les gardiens d'Inèsia à la maison isolée, ne le virent pas plutôt parti, qu'ils réfléchirent sur la mission délicate qui leur était confiée. Ils tinrent conseil, le soir même de son départ, et quand la malheureuse Inèsia se fut retirée dans sa chambre. Enfermés dans la leur avec Cyconia et Carli, ils eurent donc la conversation suivante. Le comte, homme plus âgé et plus expérimenté que son frère, prit d'abord la parole : N'avons-nous pas tort, maintenant, dit-il, de rester attachés à ce baron Léonardo ? réfléchissons un peu. Tant qu'il a été riche, en crédit, en faveur auprès de son oncle, c'était pour nous un excellent appui. Nous le servions dans ses passions ; il nous prodiguait l'or à pleines mains ; cela n'arrangeait pas mal nos affaires ; mais aujourd'hui que ses projets sont découverts, qu'il est banni, proscrit, dépouillé de ses grands biens, ruiné par conséquent, à quoi peut-il nous servir ? A nous perdre, si l'on nous soupçonne d'être entrés dans sa sotte conspiration, ce que nous n'avons jamais voulu faire, vu que nous en redoutions les conséquences, les suites funestes, dont nous voyons aujourd'hui les effets. Il ne peut plus nous employer, nous payer; il va fuir au bout du monde et nous laisser là. Ma foi, c'est le cas de lui tourner le dos ; abandonnons sa cause et dirigeons nos actions vers le bien, si cela nous est possible.

Le colonel Sessi est de l'avis de son frère ; il pense, comme lui, qu'un grand qui ne peut plus être utile, est un homme à fuir, qu'il faut quitter Léonardo. Mais, ajoute-t-il en riant, comment veux-tu que nous fassions le bien, à présent, et qu'on nous croie ? — Il s'en offre une occasion, oh ! une belle occasion qui peut nous faire rendre l'estime publique et nous gagner un protecteur plus puissant que Léonardo. — Explique-toi ? — Cette jeune fille qui repose là-bas... — Inèsia ? — Elle est sous notre garde. — Eh bien ? — Nous sommes les maîtres de son sort. — Il est vrai, après ? — Si nous la ravissions aux vœux de Léonardo ? si nous la rendions à Gérald ? — Excellente idée ! — Gérald, dit-on, s'intéresse beaucoup à ce jeune marquis, à ce Fidély qui ne le quitte pas; Inèsia et Fidély s'aiment; Gérald apparemment brûle de les unir, puisqu'il nous a donné l'ordre d'amener, à Milan, la jeune personne, avec sa mère adoptive. Ce serait un coup de maître que de rendre Inèsia à Gérald, à Fidély! — Sans doute; mais sans la marquise? — Ah, voilà une sottise que nous avons faite! C'était hier qu'il fallait penser à cela, avant l'arrivée de Léonardo. Au lieu de conduire ces femmes dans cette maison, il fallait les mener tout uniment à Milan, comme Gérald nous l'avait ordonné. Nous n'avons pas réfléchi... nous ne savions d'ailleurs pas que Léonardo était disgracié, puisqu'il ne nous l'a appris que ce matin. Il est certain que nous ne pouvons pas rendre la marquise... Mais, Carli?

ne

ne l'a-t-on pas assuré, ce soir même, que la marquise retournait à Milan ?

Carli répond : Oui, monsieur le comte. Un de mes cousins l'a vue changer de chevaux à la poste près de cette grande ville. On la dit même accompagnée de trois grands seigneurs, qui voyagent avec elle.

Le comte répond : Trois grands seigneurs ? ce ne sont pas des gens envoyés par Léonardo ? Léonardo est disgracié, ruiné ; il n'a plus d'amis ; il ne doit plus en avoir ? Au surplus, la marquise d'Arloy est sans doute à Milan à l'heure où je parle. En lui rendant Inèsia, nous obtiendrons d'elle et notre pardon et le secret sur le tour que nous lui avons joué ; le plaisir de revoir sa fille, de nous devoir sa liberté !......
Mon avis est donc que, dès demain, nous nous procurions une berline,

des chevaux, et que nous nous dépêchions ensuite de remettre Inèsia dans les bras de sa mère, de ses amis, de son amant et de Gérald sur-tout, dont il nous importe à présent d'avoir la protection.

Le colonel Sessi approuva ce plan; mais Carli devint soudain sombre et soucieux. Qu'as-tu, Carli, lui demanda le comte? Tu ne dis rien? Est-ce que ce projet ne te paraît pas?.. — Moi, messieurs, je le trouve aussi dangereux qu'impolitique. — Y penses-tu, Carli ? dangereux, en quoi ? Nous nous ferons un puissant protecteur, et nous sauverons l'innocence des piéges de la séduction. — Ah, morbleu, voilà une belle raison que vous donnez là ! Sauver l'innocence ! c'est bien ce qui vous occupe le moins. Mais n'est-il pas affreux de manquer ainsi à la confiance que vous accorde le seigneur Léonardo ? — Affiche donc aussi, de ton côté, la délicatesse, de beaux sentimens! Un peu d'or de plus ou de moins te ferait abuser de toutes les confiances possibles. Réfléchis donc que Léonardo n'a plus d'or, lui, qu'il ne peut plus t'être utile en la moindre chose ; que tu te compromets même si tu t'obstines à servir toujours sa cause ; au lieu que revenant au bien... — Vous direz tout ce que vous voudrez, messieurs ; mais je ne tromperai point mon maître. Je tiens sa prisonnière, je la garderai. Qui vous assure qu'il ne saura pas m'en récompenser ? Il est jeune, bien fait, spirituel, entreprenant ; il réussira par-tout, et je le suivrai par-tout. Ne croyez pas que j'étale, comme vous le dites, de beaux sentimens ; que ce soit par affection pour mon maître ; je le jurerais que vous ne le croiriez pas, et vous auriez raison. Mais voici mon motif, entre nous : un grand seigneur comme M. le baron Léonardo n'est pas ruiné subitement, au point qu'il ne lui reste pas encore de très-beaux débris de sa haute fortune ; je ne le quitterai que lorsqu'il n'aura plus rien, ce qui s'appelle rien. Eh, faites comme moi ! liguons-nous tous les trois pour le dépouiller du peu qu'il possède encore, quittons-le ensuite, et devenons honnêtes gens, si nous le pouvons.

Le colonel regarde son frère, en disant : Il est franc, au moins, ce coquin-là.

Le comte réplique : Non, Carli, non, nous ne suivrons pas ton conseil, qui pourrait nous perdre, si Léonardo s'exposait à ce qu'on lui fît son procès. Sa dépouille, quelle qu'elle soit, ne nous tente pas. Il a conspiré ; il est dans le malheur ; il est temps de l'abandonner. Range-toi de notre parti, Carli ; obéis à nos ordres, et sois sûr que nous te procurerons une autre place, qui te vaudra bien celle de valet de chambre que tu occupes auprès d'un proscrit. L'action louable que nous méditons nous fera rentrer en grâce, j'en suis persuadé, et Gérald, enchanté de ce que nous aurons arraché une faible victime des mains de son plus mortel ennemi, nous rendra, à tous, les services les plus signalés. J'ai de l'adresse; je saurai lui présenter nos torts de manière à nous en faire même un mérite ; laisse-moi faire.

Carli sort de la chambre, en disant avec humeur : Messieurs, messieurs ! vous agirez donc sans moi ; car je ne veux pas entrer dans ce lâche complot contre un seigneur dont je suivrai les moindres ordres, tant que je serai à son service. Il m'a confié, comme à vous, sa prisonnière ; elle ne sortira pas d'ici, ou bien vous me l'arracherez de force, et nous verrons alors !

Il se retire. Les frères Sessi restent bien étonnés de son audace. Ils ne s'en effraient cependant pas, et, persistant dans leur projet de rendre Inèsia à ses amis, ils concertent ensemble les mesures qu'ils ont à prendre pour y réussir et tromper la surveillance de Carli, s'il le faut. En conséquence, il est convenu que le colonel ira, à la pointe du jour, se procurer une voiture et des chevaux à la ville prochaine ; que cette voiture n'entrera dans la maison isolée que le soir, à minuit, et, qu'après avoir enfermé Carli à double tour dans sa chambre, qui est très-élevée, les deux frères réveilleront Inèsia pour lui apprendre le service qu'ils lui rendent et l'emmener sur-le-champ. Les Sessi, après avoir arrêté ce plan, qui rassure leur conscience, se livrent avec sécurité au repos de la nuit.

Bonne et malheureuse Inèsia ! voilà donc deux méchans que le ciel attendrit en ta faveur ! Tu vas leur devoir la liberté ; par eux, tu reverras ta tendre mère, le respectable Gérald et l'amant le plus fidèle... Mais un autre méchant, plus atroce encore que ceux-ci, veille pour s'opposer à leur louable dessein, et pour te faire tomber dans un piége, tellement adroit, que tu ne peux ni le prévoir, ni l'éviter.

Carli, après qu'il se fut prononcé contre le projet des Sessi, descendit dans la cour, dans le dessein de réfléchir aux moyens à prendre pour faire échouer ce projet, sans être obligé d'opposer la force contre la force. Il faisait un clair de lune magnifique. Carli ouvrit la porte qui donnait sur les champs, et se promenant devant la maison, il chercha et rejeta tour à tour mille ruses infernales qui s'offrirent à sa pensée... Il désespérait d'en trouver une, lorsque, levant les yeux vers la croisée grillée de la chambre d'Inèsia, il en vit tomber un papier roulé. Ayant aperçu le bras de la jeune personne qui avait lancé ce papier, cela piqua sa curiosité ; il le déploya et le lut. Voyant qu'elle implorait de nouveau la protection d'*Il Sosio*, il se rappela que Gérald, ayant usurpé ce nom, avait déjà fait sauver, une fois, Inèsia d'un des châteaux de son maître.

Quoique

Quoique Carli fût bien sûr que Gérald avait quitté ce nom, qu'il ne recommencerait pas à s'en servir de la même manière, qu'il ignorait d'ailleurs l'asile qu'habitait maintenant Inèsia, il regarda comme un coup de maître de faire accroire à la jeune personne que le grand *Il Sosio* viendrait la délivrer, et de l'engager à refuser toutes les offres des frères Sessi, quelqu'obligeantes qu'elles lui parussent. C'était un obstacle puissant à leur opposer que la résistance de la jeune fille elle-même qu'ils voulaient sauver ! Ravi de ce que le hasard lui offrait un pareil moyen, il déchira le papier d'Inèsia et monta soudain chez cette belle personne, avec laquelle il eut la conversation nocturne que nous avons précédemment rapportée. Il ne réussit que trop; car Inèsia, craignant que les Sessi ne lui préparassent un tour semblable à celui qu'ils avaient joué à la marquise pour la forcer à fuir la maison isolée, se promit d'être en garde contre leur feint intérêt, et de refuser leurs offres.

Le lendemain, ainsi que nous l'avons déjà vu, les Sessi, pendant les courtes absences de Carli, dont ils se défiaient, parurent à Inèsia plus doux, plus soigneux, plus respectueux. Ils lui adressèrent des paroles de consolation, blâmèrent hautement Léonardo, et firent entendre à la jeune personne qu'ils étaient disposés à lui rendre les plus grands services; ce qui la convainquit de la sincérité de Carli, et la fit trembler sur les nouveaux projets des deux Milanais.

Le soir même, aussitôt qu'elle se fut retirée dans sa chambre, le comte monta à petits pas à celle de Carli, c'est-à-dire au petit cabinet qu'il occupait sous le toit. Carli s'était plaint d'un grand mal de tête, et s'était couché de bonne heure. La porte de sa chambre étant ouverte, le comte, entendant ronfler, ne douta pas que Carli ne dormît profondément; mais, pour s'en assurer, il s'approcha doucement du lit, tâta, et sentant un corps, il sortit, prit la clef, et ferma la porte de manière à ce qu'on ne pût pas l'ouvrir en dedans. Il descendit retrouver son frère et lui dit : Nous le tenons ! il ne peut nuire à nos projets. La voiture est-elle arrivée ? — Elle est dehors, devant la porte-cochère. — A merveilles ! Nos effets sont tous dans ce porte-manteau ? — Ils y sont. — Emportons-le, et courons réveiller Inèsia; elle ne s'attend guère au service que nous allons lui rendre ! — Je le crois. — Partons.

Ils avaient vingt marches environ à descendre pour arriver au corridor du premier, où donnaient les chambres d'Inèsia et de la vieille Cyconia. Quelle fut leur surprise, en voyant ouvrir brusquement la porte de cette dernière, d'apercevoir la figure de Carli qui, une lumière à la main, leur dit en riant : Doucement, messieurs ; je suis là ! — Et moi aussi, dit la vieille ; nons ne souffrirons pas qu'on nous enlève ainsi notre prisonnière.

Carli avait fait suivre, le matin, le colonel ; il savait qu'il avait demandé pour le soir, à minuit, une voiture et des chevaux. Prévoyant le projet des deux frères, il avait feint une migraine, et au lieu de se mettre au lit, il y avait fait placer sa femme

Catharina, qui couchait ordinairement dans le second lit de la chambre de Cyconia. Il s'était enfermé à son tour dans cette chambre et avait mis dans ses intérêts la vieille, qui était furieuse contre les Sessi.

Tous deux parurent donc au moment où les deux frères descendaient, et il s'éleva alors une dispute sérieuse entre ces quatre personnages. Carli, ayant voulu barrer le chemin au colonel, celui-ci s'écria : *Il n'y a qu'à brûler la cervelle à ce coquin là*, et ces mots réveillèrent Inèsia, qui était dans son premier somme. Effrayée du bruit de ces gens, qui paraissaient plus nombreux, qui se disputaient en frappant à sa porte, elle demanda, transie d'effroi, ce qu'on lui voulait. —Ouvrez, ouvrez-nous, belle Inèsia, dit le comte, nous voulons vous sauver, vous rendre à votre mère, à votre amant, à tous ceux que vous chérissez. — Non, non, répond Inèsia, au comble de la terreur, je n'ouvrirai pas ! Laissez-moi, retirez-vous, ou soudain j'attente à mes jours !

Carli se place devant la porte, dans le corridor, et jure qu'on n'entrera dans la chambre d'Inèsia qu'en passant sur son corps. Le colonel, furieux de l'insolence de ce laquais, le repousse, et, d'un coup de sabre, lui abat le poignet droit. Voilà Carli hors de combat et perdant son sang. La vieille, effrayée, l'entraîne dans sa chambre, où elle s'enferme avec lui pour lui donner des secours.

Pendant ce temps, les frères Sessi implorent Inèsia pour qu'elle leur ouvre, Inèsia résiste. Le colonel alors, cédant à un nouveau mouvement de brutalité, donne un violent coup de pied dans la porte, qui tombe et leur livre le passage. Au nom du ciel, mademoiselle, dit le comte à Inèsia, qui pousse des cris aigus, remettez-vous, rassurez-vous. Vous voyez des coupables repentans, des hommes qui vous sont maintenant dévoués. Venez, oh, venez à Milan où nous allons vous remettre entre les bras de la marquise, de Gérald, de votre Fidély? Nous le jurons sur Dieu, sur l'honneur, sur ce qu'il y a de plus sacré. Une voiture est là-bas. Nous n'avons que ce moment, profitons-en ? Le traître Léonardo peut revenir demain, à toute heure ; il nous serait impossible alors de vous arracher de ses mains. En grâce, mademoiselle d'Oxfeld, suivez vos libérateurs. — Lâches que vous êtes, leur répond Inèsia, croyez-vous que je donne dans un piége aussi grossier ! N'en a-t-on pas dit autant à ma mère adoptive pour la séparer de moi ! — Ceci est bien différent, belle Inèsia ? il n'y a point ici de subterfuge, point de déguisement. Que craignez-vous de nous ? que nous vous remettions au pouvoir de Léonardo ? Vous y êtes ! Ici, vous êtes en sa puissance; avec nous vous allez retrouver une mère, un amant, un protecteur. Vous le voyez, personne ne peut plus s'opposer à votre fuite. Ce misérable Carli, qui voulait vous garder ici malgré nous, est puni de sa témérité; le temps, l'heure, tout nous favorise; nous allons nous retirer un moment pour vous laisser le temps de vous habiller.... Mais je remarque.... vous l'êtes, habillée, vous êtes prête, partons.

Inèsia est en effet debout. Le comte veut lui prendre la main ; elle s'écrie en se reculant : N'approchez pas, ou je plonge dans mon sein ce couteau que j'ai su me procurer. — Quelle erreur est la vôtre ! est-il possible qu'en vous disant la vérité, l'exacte vérité, nous ne puissions pas bannir vos vaines terreurs.

Le comte avait raison ; tous ces méchans avaient dit en effet la vérité, tant à la marquise qu'à Inésia ; mais il est certain qu'ils ne méritaient aucune confiance. Inésia menaça, pleura, résista enfin, et les Sessi, convaincus, au bout de trois ou quatre heures, que rien ne pouvait vaincre une résistance aussi obstinée, se retirèrent en lui prédisant tous les maux qui allaient fondre sur elle, dès que Léonardo serait revenu. Les deux frères sentirent aussi qu'ils ne devaient pas attendre le retour de cet homme, dans l'esprit duquel Carli devait nécessairement les perdre. Ils partirent donc sur-le-champ dans la voiture préparée pour Inèsia, laissant ainsi cette belle prisonnière sans geoliers, et libre de fuir comme eux, si elle l'avait voulu.

Mais elle l'ignorait ; elle ne savait pas qu'elle pouvait descendre, ouvrir la porte-cochère, et fuir à son tour, sans que personne pût s'y opposer. Il ne lui vint même pas dans l'esprit qu'elle pût avoir cette liberté. La grosse Catharina dormait pourtant dans le haut. Carli était privé de sentiment, et la vieille Cyconia, tremblante pour les jours de son neveu, s'empressait d'étancher le sang qui sortait à gros bouillons de sa plaie.

Inèsia entendit bien le bruit de la voiture qui s'éloignait, emmenant les deux frères Sessi ; mais, dans son trouble, elle ne chercha pas à deviner les motifs de leur départ si prompt et au milieu de la nuit. Son bon cœur la porta à s'intéresser au malheureux Carli qui n'avait été blessé, selon elle, qu'en la servant contre les projets de deux misérables. Elle se rendit soudain à la chambre de Cyconia, qui lui ouvrit en la félicitant de n'avoir point écouté les conseils de deux traîtres, c'était l'épithète dont elle gratifiait les Sessi, qu'elle entendait à sa manière, de même qu'Inèsia en appliquait le sens à sa propre situation. Carli recouvrit peu à peu ses sens et l'usage de la parole. Quand il se vit privé d'une main, quand il sentit l'étendue de la perte qu'il venait de faire, il s'exhala en imprécations contre les frères Sessi, contre Léonardo, et contre Inèsia elle-même qu'il accusa d'être l'auteur de son accident. La trop sensible Inèsia vit alors qu'elle s'était trompée en portant quelque intérêt à un pareil scélérat ; elle jugea, par quelques mots qu'il prononça indiscrettement, qu'il l'avait abusée, que les frères Sessi voulaient en effet lui rendre la liberté, et que Carli seul agissait pour Léonardo en la retenant prisonnière. Quel trait de lumière pour cette infortunée, qui vient de résister à ses libérateurs, qui les a vus partir et qui reste dans des fers qu'on voulait briser !

Les plaintes de Cyconia, les menaces de Carli, exhalées avec ces basses expressions que donne une mauvaise éducation, indignèrent l'amante de Fidély. Elle quitta ces misérables, et rentra dans sa chambre où elle se mit à verser un torrent de larmes. Le jour la surprit baignée dans les pleurs les plus amères et les plus abondantes. Une nouvelle scène vint alors accroître son désespoir et lui prouver combien elle avait eu tort de ne pas suivre les gens qui voulaient réellement la délivrer.

Comme elle regardait la campagne à travers les barreaux de sa croisée, elle vit au loin un nuage de poussière qui annonçait l'arrivée d'une troupe de cavaliers, qu'elle distingua ensuite armés jusqu'aux dents....

Nous saurons bientôt le nouveau malheur qui l'attend. Voyons, pour le moment, ce que devient sa mère adoptive, la respectable madame d'Arloy, qui sans doute est arrivée à Milan.

CHAPITRE VII.

Mystères sur mystères.

La marquise et sa bonne Micheline causaient donc dans leur voiture sur la bizarrerie du sort qui ne les laissait pas maîtresses de leurs volontés. La marquise redoutait de rencontrer de nouveaux Sessi dans les trois seigneurs qui l'accompagnaient. Micheline, au contraire, leur trouvait un air noble, franc, loyal, qui la prévenait en leur faveur. Voyez donc, dit-elle à sa maîtresse, que le prince dont ils parlent s'intéresse à vous, à Inésia, à Fidély; que c'est par son ordre que ces gentils-hommes nous ont cherchées sur ces routes. — Ce prince, Micheline, c'est !... — Allez-vous me dire encore, madame, que c'est Gérald? — Point du tout, ce n'est pas Gérald ; car Gérald n'est point Gérald, s'il faut te le dire cent fois : c'est *Il Sosio*, ou plutôt c'est le grand roi Philippe. — Ma bonne maîtresse, ce n'est ici ni le lieu ni le moment de chercher à détruire votre illusion ; elle vous console, je dois la respecter. Admettons que ce soit Gérald, *Il Sosio*, ou Philippe, si vous voulez; il n'en est pas moins évident qu'un homme puissant, quel qu'il soit, nous protége, vole à notre secours et nous rendra Inésia. Oh, j'ai, moi, l'heureux pressentiment que cela arrivera bientôt. Laissons-nous donc guider par ces voyageurs que rien ne doit rendre suspects, et attendons notre bonheur, et un repos enfin dont nous avons tant besoin, de la providence qui veille sur l'innocence et ne laisse jamais le crime impuni.

En causant de cette manière, nos dames entrèrent dans la ville de Milan, et leurs conducteurs les firent arrêter à la porte d'une très-belle maison. L'un d'eux, en donnant la main à la marquise pour descendre de la voiture, lui dit : Madame, vous allez être ici comme chez vous. Cet asile est des plus respectables; daignez-y entrer et nous permettre de venir vous rendre nos devoirs demain matin. Il est tard, nous nous retirons pour rendre compte, ce soir même, au prince, de notre mission, et je ne doute pas qu'il ne prenne soudain tous les moyens pour retrouver et vous rendre votre chère Inèsia. En attendant, ordonnez, commandez ici, où, je le répéte, vous êtes absolument comme chez vous. Nous avons l'honneur de vous saluer.

Les

Les trois officiers piquent leurs chevaux et disparaissent. La marquise est restée fort étonnée à la porte de cette maison inconnue ; mais sa Micheline, plus résolue, lui prend la main en lui disant : Eh bien, entrons, madame.—Entrons ! la porte-cochère est fermée, personne ne paraît. — Pardonnez-moi, je crois entendre qu'on vient en dedans ; l'un de nos guides avait frappé ; c'est qu'on est lent à ouvrir.

Un vieillard ouvre en effet, et dit : Pardon, madame la marquise. Mais où est donc mademoiselle Inésia ? — Vous la connaissez ? — Nous l'attendions avec vous. Bon Dieu ! lui serait-il arrivé quelque accident ? — Vous saurez cela, mon ami. — Entrez toujours, madame, ainsi que votre voiture... Mais où est donc le cocher ?

Micheline et la marquise regardent qu'en effet leur cocher a disparu. Comme c'était le valet d'un des officiers, il aura suivi son maître; cela est présumable.

Plusieurs domestiques paraissent. A leur tête est un très-jeune homme qui semble leur commander. Par ses soins la voiture de madame est rentrée, remisée, les chevaux sont à l'écurie, et, pendant ce temps, la marquise est introduite dans un très-beau salon, où le vieillard qu'elle a vu le premier lui demande ses ordres. Avant tout, mon ami, lui répond la marquise, dites-moi où je suis, chez qui je suis? — Madame, vous êtes ici dans une maison qui appartient au seigneur Gérald. — Au seigneur Gérald, Micheline, entends-tu?—Oui, madame, répond la bonne gouvernante.

Le vieillard continue : Ainsi madame est chez le seigneur Gérald, qu'elle connaît bien, je pense?—Oh, très-bien, mieux qu'on ne croit, peut-être. — Quant à moi, je suis Bertolio, un de ses plus anciens serviteurs, et tout entier maintenant au service de madame.

Le lecteur voit qu'on a conduit la marquise dans la maison soi-disant appartenante à Vernex, place du Dôme, où Gérald et son fils sont précédemment descendus, et que le très-jeune homme, qui y donne maintenant des ordres, n'est autre que Georges Vernex.

Georges paraît soudain; il salue la marquise et lui dit : Madame est sans doute étonnée de l'air de mystère avec lequel on l'a amenée ici; mais on a eu des ordres très-sévères pour se conduire ainsi. Où est donc, de grâce, mademoiselle d'Oxfeld?

— Tout le monde m'interroge avant de répondre à mes justes questions. De grâce, monsieur, à votre tour, dites-moi qui vous êtes ? — Madame la marquise, et vous, dame Micheline, vous rappelez-vous que, quelques jours après la fuite de Fidély du château d'Arloy, lorsque son mariage fut manqué, qu'on ne sut ce qu'il était devenu, il revint, un matin, causer avec dame Micheline dans une cabane démolie, tout près de votre avenue ? Fidély était alors accompagné d'un homme d'un certain âge, grand, brun, que M. le marquis dit être un des meilleurs amis du seigneur Gérald. — Cela est vrai, répond Micheline. — Eh bien, ce meilleur ami du seigneur Gérald, qu'on appelle Vernex, est mon père. Je suis Georges Vernex, et j'ai tous les droits dans cette maison en l'absence de mon père, du seigneur Gérald et de Fidély, qui sont partis pour l'armée. C'est moi qu'on a chargé de recevoir madame la marquise, et d'obéir à ses moindres ordres. — Qui, monsieur, vous a chargé de cela ? C'est sans doute le seigneur Gérald, qu'on dit être le propriétaire de cette maison ?

Georges ne répond point.

La marquise continue: N'est-il pas le propriétaire de cette maison ? — Oui, madame. — Alors, c'est donc lui qui me la prête ?

L'enfant se tait.

« Pourquoi, puisque c'est le seigneur Gérald qui me reçoit, pourquoi m'a-t-on dit qu'un grand prince avait donné ordre de nous chercher, Inèsia et moi ? »

L'enfant garde encore le silence.

« Voilà ce que m'ont dit trois officiers des gardes de ce grand prince.

Ne puis-je savoir quel il est ? »

Toujours le même silence de la part de Georges.

« Vous ne répondez point ? Ces officiers m'auraient-ils trompée ? ou bien, ce puissant seigneur serait-il *Il Sosio*, et par conséquent Gérald ? »

L'enfant baisse les yeux et fait voir, par sa pantomime, qu'il lui est défendu de répondre à ces questions. Allons, s'écrie la marquise, allons, Micheline, voilà encore de nouveaux secrets. Je ne marche qu'à travers une nuit profonde, dont je ne puis percer l'obscurité ! On devait me présenter à un prince, on me mène chez Gérald, et je ne puis savoir comment, ni pour quelle raison on me...

Georges l'interrompt : Pardon, madame, dit-il ; mais on n'a pas dû vous promettre de vous conduire chez le prince. Il faut espérer qu'on vous réserve cette haute faveur, mais plus tard... cela dépendra... — Oui, oui, de ce qu'il vous plaira, mon cher ami. Au surplus, si vous avez des ordres pour vous taire, je ne vous interrogerai plus. — Oh, j'ose vous en supplier, madame. — Il doit me suffire de savoir que je suis chez le seigneur Gérald, que je remercierai bien de m'avoir rendu le service de... —Il ne le faut pas, madame; il ignore que vous êtes ici. — Il l'ignore? — Oui; c'est à son insu qu'on vous y reçoit. Il ne doit pas savoir... —Voilà du nouveau, à présent ! J'y suis donc malgré lui ? — Oh, s'il en était instruit, il en serait enchanté; mais nous avons ordre de lui cacher ce mystère. — Ce mystère ! — C'en doit être un pour lui jusqu'au moment où le prince jugera à propos de l'en instruire. — Micheline ! eh bien, que veut-on de nous ? qu'est-ce que cela signifie ? — Je m'y perds, madame. Tout ce que je sais, c'est que j'ai déjà vu ce jeune homme plusieurs fois avec l'aveugle de la fontaine Sainte-Catherine, aujourd'hui Gérald, et que je sais qu'il est le fils du meilleur ami du protecteur de votre fils. Cela doit vous rassurer. — Mais, Micheline, conçois-tu quelque chose à un prince, qui entre en scène maintenant pour me tourmenter d'une autre manière, pour m'envoyer ici, sans la permission et à l'insu du maître de la maison !... Qui m'expliquera ce nouvel et obscur incident ?

Georges répond : Madame a l'honneur de connaître monseigneur Ayrard de Clermont-Lodéve, le digne archevêque d'Auch ? — Oui, après ? — Eh bien, monseigneur l'archevêque d'Auch, qui est dans cette ville, viendra

viendra, demain matin, visiter madame, et répondra peut-être à ses questions. Seul, il en a le pouvoir, puisque c'est lui qui nous a transmis les ordres du prince et que nous n'agissons que d'après lui.—Micheline ! ce digne prélat est ici ! c'est lui qui a ordonné !.... Quelle suite d'événemens !

Micheline réplique : Attendez, madame. Puisque vous le verrez, demain....

Georges reprend : Eh oui, il viendra ici demain ; madame pourra l'interroger. — Allons... à demain ! —Puisque madame daigne enfin approuver la retenue et le silence qui me sont recommandés, j'ose à présent la supplier de me dire pourquoi mademoiselle d'Oxfeld n'est pas avec elle. C'est que notre prince s'y intéresse !... — A Inèsia ? — Oh, oui,

madame, à cette toute belle Inèsia !
— Micheline !... — Eh bien, madame, repart Micheline, cela rentre dans ces secrets que vous apprendrez sans doute demain, de la bouche de monseigneur l'archevêque. Répondez toujours à ce jeune Georges, et racontez-lui la trahison dont on a usé envers nous. — Soit ; je le veux bien.

La marquise soupire, et raconte à Georges Vernex tout ce qui lui est arrivé à la maison isolée, sans oublier la rencontre qu'elle a faite des trois officiers qui l'ont amenée ici. Quand elle a fini, Georges s'écrie : C'est un grand scélérat que ce Léonardo ! Heureusement que ses crimes sont enfin dévoilés, et reçoivent une punition, trop douce, mais qui débarrasse pour jamais la contrée de ce méchant homme. — Que dites-vous ? Parlez à votre tour, expliquez-moi...

— Je ne puis vous dire, madame, quelles furent les mauvaises actions de ce Léonardo. Qu'il vous suffise de savoir qu'on l'a banni de l'Italie, dépouillé de ses biens, de ses titres, et que s'il ne se fût pas sauvé, il eût pu porter sa tête sur un échafaud. — Grand Dieu ! Et son digne ami, le baron de Salavas ? — Le baron est parti avec lui, ainsi que Le Roc. Ils sont ensemble, sans doute, à cette maison isolée, que vous ne pouvez nous désigner, ce qui est bien désagréable ; car on aurait fait sur-le-champ les perquisitions nécessaires. Cependant, par votre itinéraire, il serait possible que l'on devinât, que l'on approchât... Si l'on pouvait y trouver encore l'infortunée Inèsia ! Mais il l'aura emmenée avec lui, et qui sait où ?

La marquise et Georges causèrent

ensemble quelques momens, et Georges mit en écrit les noms des villes ou des bourgs par où elle se rappelait avoir passé. On servit le souper, après lequel la marquise fut conduite dans une chambre à coucher, où elle se retira avec sa Micheline, qui avait un lit près d'elle.

Ces deux personnes s'entretinrent, une partie de la nuit, des événemens bizarres qui leur arrivaient coup sur coup, et l'espoir de revoir le sage Ayrard les consola un peu, quoique leur séparation d'avec Inèsia leur causât la plus vive douleur.

Dès le matin, Georges, Bertolio et tous les domestiques de la maison furent aux ordres de la marquise, et, vers onze heures, elle vit entrer dans la cour la voiture du respectable prélat, qui monta soudain chez elle. C'était pour notre bonne marquise la vue du port au milieu de l'orage. Elle prit la liberté de se jeter dans ses bras, en versant des larmes, en s'écriant : Monseigneur, je vous revois! O bonheur, bonheur inappréciable!... — Calmez-vous, digne femme, lui répondit le sage Ayrard. Je ne viens que pour vous consoler. Vous avez donc perdu votre chère Inèsia? — Par une ruse d'enfer, monseigneur! — On m'a conté cela. C'est une atrocité. Quels monstres que ces frères Sessi ! bien dignes agens du seigneur corrompu dont ils servent les passions. Au surplus, d'après les renseignemens que vous avez donnés à Georges Vernex, et qu'il a transmis à l'autorité, on va se mettre à la recherche du repaire dans lequel on retient mademoiselle d'Oxfeld contre toutes les lois. Ces renseignemens sont bien faibles; mais enfin, à force de chercher, on trouvera peut-être cette funeste maison isolée. Ne pleurez donc plus, marquise, et veuillez me répondre. — Oh, monseigneur, c'est plutôt à vous à daigner me répondre. Vous sentez que, dans la position singulière où je me trouve, j'ai mille questions à vous faire. Mère infortunée, privée d'un fils, mon bonheur, d'une fille adoptive, ma seule consolation, j'ai des droits à votre indulgence, et vous ne pouvez vous offenser de ma témérité. — Parlez, marquise; si je puis satisfaire votre curiosité, je le ferai autant que mon devoir me le permettra.

La marquise fait donner un siége au prélat, s'asseoit près de lui et lui parle ainsi : On m'a amenée ici, monseigneur, soi-disant d'après les ordres d'un grand prince ? — Cela est vrai. — On n'a pas voulu me le nommer. — On n'en avait pas la permission. — J'entends ; mais, au lieu de me conduire vers cet homme puissant, on me loge dans la maison de Gérald, sans son aveu, à son insu, dit-on ? — Cela est encore vrai. — On ajoute qu'il ne faut pas qu'il le sache. — Il ne le saura que lorsqu'il sera au comble du bonheur. — Au comble du bonheur, Gérald ? — Gérald, oui, madame, et par conséquent Fidély.— Fidély !... Allons, je je veux bien le croire; mais on prétend, monseigneur, que c'est vous qui avez donné ces ordres à ces officiers d'hier, à Georges Vernex, à tout le monde ici ? — Un instant ; je n'ai rien commandé à ces trois officiers des gardes. Ils ont suivi les ordres qu'ils ont reçus de la bouche même de leur maître. Quant à Georges et aux domestiques, il est vrai qu'ils suivent les instructions que je leur ai données. — Vous leur avez défendu de répondre à toutes mes questions?— Oui, madame. — Vous daignerez donc, vous, monseigneur, me dire la vérité?—En ce qu'il m'est permis de vous avouer; voyons, que désirez-vous savoir? — D'abord, si le prince dont il est question n'est point *Il Sosio?* — Ce n'est point *Il Sosio.*—Ni Gérald, par conséquent? — Encore moins Philippe V. — J'ai cru long-temps que Gérald était Philippe lui-même. — Quelle idée! vous voyez que le roi des Espagnes a bien autre chose à faire que de courir les champs sous un nom supposé. — Comment alors Gérald a-t-il osé prendre ce nom redoutable?—C'est son secret. — Que monseigneur sait sans vouloir le dire.—Apparemment que cela ne m'est pas permis.—N'en parlons plus. Le nom du prince ? puis-je le savoir ? — Il vous le dira lui-même. — Quand ? — Lorsqu'il daignera vous recevoir. — Et cela sera-t-il bientôt ? — Je n'ai pas osé l'interroger sur ce point. — Vous le connaissez, monseigneur ? — Je sors d'une audience qu'il a bien voulu me donner dans son cabinet, et relativement à vous. — Relativement à moi ! quel intérêt ?... — Il vous en a voué un bien vif, à votre Inèsia sur-tout, ainsi qu'à Fidély. — Vous me surprenez à un point ! — Cela est. — Mais quel motif a-t-il ?... — Un bien puissant, bien pur sur-tout. Eh ! vous l'approuverez, madame, quand vous le connaîtrez... Tenez, marquise ; je vois que vous vous tourmentez inutilement. Le temps n'est pas venu encore où je puisse éclaircir tous vos doutes ; il ne tardera pas ; Dieu en approche le moment pour votre consolation et la réunion de tous ceux qui vous sont chers. Soumettez-vous, attendez, et persuadez-vous fermement que tout ce que l'on fait n'est que pour votre bien, pour celui de Gérald, de Fidély et d'Inèsia. Vous êtes bien sûre de moi, n'est-il pas vrai ? vous me rendez la justice de croire que je ne puis travailler que pour votre bonheur ? — Oh, monseigneur ! — Eh bien, femme bonne, sensible, estimable sous tous les rapports, fiez-vous à mes soins ; laissez-moi faire. J'ai entrepris l'œuvre de votre félicité à tous. J'ai obtenu déjà que le prince vous rapprochât de lui; je ne me reposerai que lorsque j'aurai complettement réussi. Vous dire aujourd'hui, avant un heureux dénouement, la cause de tous ces mystères, serait plonger un poignard dans votre sein, au lieu que j'y veux verser, quand il en sera temps, le baume de la consolation ; je veux faire briller, à vos regards, l'avenir le plus heureux, et vous me direz alors : Digne Ayrard, nous vous devons tous le repos et la félicité !... Adieu, marquise. Soyez ici chez vous ; je viendrai vous voir tous les jours ; je vous donnerai des nouvelles de nos deux guerriers, Gérald et son jeune camarade d'armes qui, dans ce moment, font des prodiges de valeur ; vous ne recevrez point de lettres de Gérald, encore moins de Fidély ; car il ne faut pas non plus qu'il sache que vous êtes ici ; mais vous les reverrez bientôt, heureux, très-heureux. Enfin nous retrouverons sans doute Inèsia ; elle vous sera rendue, et c'est dans cette consolante perspective que je vous laisse, en vous recommandant ces trois règles de votre conduite : Patience, discrétion et confiance... Adieu !

La marquise fut plus tranquille après le départ du sage prélat. Elle visita sa nouvelle habitation, et l'espérance revint fortifier son ame, ranimer son courage.

Le lendemain, qui était un dimanche, elle alla à la messe, et, s'étant agenouillée au lever-Dieu, elle remarqua qu'une vieille femme, qui était à deux pas d'elle, la regardait avec une attention mêlée de honte et de douleur.

La marquise rentra chez elle, un peu émue de cet incident ; car, lorsqu'on a éprouvé déjà des coups violens, on appréhende mille autres événemens de ce genre, et le malheureux est toujours méfiant et timide. A peine était-elle montée dans son appartement, que Bertolio vint lui annoncer la visite d'une vieille dame inconnue. Son cœur battit. La marquise répondit au vieux serviteur : Faites entrer ; mais restez-là, ne me quittez pas.

Le jeune Georges Vernex, qui était à deux pas, entendant l'ordre que la marquise donnait à Bertolio, entra alors avec l'inconnue, pour encourager madame d'Arloy par sa présence. Celle-ci reconnut la personne qui l'avait tant examinée à l'église. Cette femme se jetta aux genoux de la marquise en lui demandant, les larmes aux yeux, si elle la reconnaissait. — Vos traits ne me sont pas étrangers, lui répondit madame d'Arloy. Vous êtes?... — Une de vos anciennes femmes de chambre, madame. Remettez-vous mon nom ; Ariana.—Ariana ? oui, je me rappelle. Il y a bien seize à dix-huit ans que vous fûtes à mon service, et que vous me quittâtes pour vivre de la manière la plus scandaleuse avec le baron de Salavas. — Il m'enleva, madame. — Qu'il vous ait enlevée ou non, je me rappelle très-bien que vous vous conduisîtes alors envers moi avec autant d'ingratitude que d'immoralité ; et c'est ce qui me fait vous demander ce qui peut vous amener ici. — Le repentir, madame la marquise, et le désir d'obtenir mon pardon pour.... — J'entends, pour votre dernière conduite envers Inèsia, dont vous avez eu la cruauté d'être la geolière, au château de Léonardo, à Bologne.—C'est cette faute, madame, qui m'est la plus amère. Comme j'ai eu l'honneur de vous le dire, le baron de Salavas (il y a douze ans de cela, madame, et non pas dix-huit), ce méchant baron, épris de quelques faibles charmes que j'avais alors, m'enleva, consomma ma perte, mon déshonneur, et, me rendant ensuite à la servitude de laquelle il n'aurait jamais dû me tirer, il me plaça chez son protecteur, ou plutôt son digne ami, le baron Léonardo. Ce seigneur me voyant attachée à lui, et se fondant sur la fermeté de mon caractère, me donna la première place parmi ses gens, dans ses ses diverses possessions que je parcourus successivement. C'est ainsi que, m'ayant fixée dans son château de Bologne, il m'ordonna d'y recevoir et d'y retenir mademoiselle d'Oxfeld. J'en voulais depuis longtemps au tuteur de cette jeune personne, je désirai me venger sur elle des griefs que j'avais contre lui. J'avouerai que n'ayant vu Inèsia que dans sa première enfance, sa beauté, sa jeunesse, son innocence m'intéressèrent un peu en sa faveur, et que je ne remplis pas tout à fait à la lettre les devoirs de geolière, qu'on m'avait intimés dans leur plus grande sévérité, comme le fait aujourd'hui la vieille Cyconia, que je connais très-bien, dans l'asile où l'on a renfermé encore une fois votre fille adoptive... j'y vais revenir. Vous savez qu'un faux *Il Sosio* l'enleva de mes mains, de sa prison. Le seigneur Léonardo en fut si furieux contre moi, qu'il me chassa... Je végétai dèslors dans l'indigence, dans la honte. Le remords entra enfin dans mon cœur, et, sachant que les frères Sessi formaient le projet d'aller enlever une seconde fois Inèsia, pour Léonardo, en vous emmenant avec elle, je partis soudain pour la France, à pied,

pied, en demandant pour ainsi dire mon pain, et je me rendis à votre château d'Arloy, dans le dessein de vous prévenir, de démasquer les traîtres en votre présence. Il n'était plus temps. Vous étiez partis tous, quand j'arrivai chez vous. Je passai quelques jours alors à Saint-Sauveur, chez mon cousin, qui est là lieutenant de maréchaussée. Cet excellent parent me donna des secours, de l'argent, et je revins dans ma patrie, à Milan, où j'espérais vous retrouver. J'eus, ce matin, le bonheur de vous apercevoir à l'église, et je me promis de venir me jeter à vos genoux, pour vous demander d'abord pardon de mes fautes, et en second lieu pour vous rendre un service important.

La marquise, étonnée, s'écrie :

Quel service puis-je attendre de vous ? — Je sais, madame, où est Inèsia, puisqu'aucune des propriétés de Léonardo ne m'est inconnue. Elle est dans une petite maison, qu'on appelle le *Puits de la Mort,* isolée, à l'entrée d'un petit bois, à une demi-lieue de Crémone ; elle est là sous la garde des Sessi, de Cyconia et de son neveu Carli, coquin des plus adroits. Léonardo s'y est rendu avant-hier matin, et l'infortunée Inèsia connaît maintenant toute l'étendue de son malheur. Si vous doutez de ma véracité, qu'on me donne une garde suffisante, je la conduirai moi-même à ce repaire, et nous y délivrerons l'innocence. — Quoi, Ariana, vous seriez capable ?... — Le remords a touché mon cœur, je vous le répéte, madame, et rien ne me coûtera pour expier, dans ma vieillesse, les torts de ma vie passée. — Georges, que dites-vous de cela ?

Georges Vernex répond : Madame la marquise saura qu'on a déjà envoyé des gens armés vers cette maison isolée. Monseigneur l'archevêque vous l'a dit hier. Il faut, ce me semble, attendre le retour de cette petite troupe, qui doit revenir ce matin même. Si ces gens-là n'ont point trouvé la prison de mademoiselle d'Oxfeld, on y retournera sur-le-champ avec cette vieille dame Ariana. Tel est mon avis. — Il est sage, répondit la marquise. — Y pensez-vous, madame, reprit la demoiselle Ariana ? D'après l'embarras dans lequel se trouve le proscrit Léonardo, il peut, d'un moment à l'autre, enlever sa victime de cet endroit, l'entraîner au bout du monde ! Les méchans sont adroits et lestes, quand ils savent qu'on les a devinés. Je vais vous en citer un exemple récent. Vous avez su sans doute que le caveau de la fontaine Sainte-Catherine renfermait le cadavre d'une femme assassinée la nuit, il y a plus de vingt ans, sur le bassin de cette fontaine ? — Inèsia m'a donné des détails, sur cet événement, qui m'ont fait frémir. — Elle les tenait de moi. C'est moi qui lui ai raconté ce crime affreux ; car cette malheureuse femme fut assassinée par son propre mari. Figurez-vous donc que, pendant le peu de jours que je passai dernièrement à Saint-Sauveur, tout près de la fontaine Sainte-Catherine, j'appris cet accident à mon cousin le lieutenant de maréchaussée. Mon cousin en fit part aux magistrats ; il se fit une descente de justice dans le caveau du réservoir... eh bien, le corps de la femme ne s'y trouva plus... non, madame, il ne s'y trouva plus. Le lendemain même de l'assassinat, mon frère avait pourtant bien vu, de ses deux yeux vu, ce cadavre encore revêtu d'habits bourgeois. Il a disparu, on l'a enlevé; et quand, s'il vous plaît? deux jours avant que, sur ma dénonciation, mon cousin et la justice s'y fussent rendus. Il y a tout au plus trois semaines, des paysans, des petits pâtres ont vu les gens qui ont soustrait ce corps, qui reposait là depuis si long-temps.

Georges Vernex, qui prêtait, au récit d'Ariana, une attention très-remarquable, s'écria avec humeur, et comme entraîné par un mouvement qu'il ne pouvait réprimer : Bon! on l'a soustrait! en êtes-vous bien sûre? — Très sûre, répondit Ariana, et voici, mot à mot, le rapport qu'un de ces paysans a fait à la justice qui l'interrogeait :

« C'était l'autre nuit. Le temps était des plus sombres. Mon frère et moi, nous avions reconduit un de nos parens bien loin, et il pouvait être une heure du matin quand nous repassâmes sur notre champ, qui est tout en face de la fontaine. Comme nous devions y travailler dès le point du jour, nous dîmes : ce n'est pas la peine de retourner chez nous pour deux ou trois heures que nous avons encore à attendre ; couchons-nous là, sur ce petit gazon qui borde notre pièce, nous y serons tout portés pour nous mettre à l'ouvrage. Ce qui fut dit fut fait. Nous nous couchons. V'là qu'à peine sommes-nous endormis, que nous sommes réveillés par un bruit sourd comme des espèces de prières d'église. La clarté de quelques flambeaux brille à nos regards, et nous voyons une troupe de gens armés de sabres, de pistolets, d'épées, etc. qui escortaient une voiture noire, toute drapée de larmes d'argent. Dame, je suis vieux, mon frère n'a que seize ans; nous étions fatigués tous deux, et la vue de tant d'hommes armés nous inspirait de justes craintes. Nous restâmes couchés à plat ventre, sans faire de bruit, pour n'être point remarqués, et nous vîmes ainsi tout ce qui se passait. La voiture de drap noir à larmes d'argent s'arrêta devant la fontaine. Sept à huit hommes y entrèrent, accompagnés de trois prêtres qui chantaient à demi-voix l'office des morts et le *Dies iræ*. Une torche les éclairait. Après avoir passé plus d'une grosse demi-heure dans le caveau du réservoir, ils en sortirent, portant, sur une espèce de brancard, un mort apparemment, qu'ils placèrent avec respect dans le corbillard. Les prêtres y montèrent, et tout cela s'éloigna lentement, en chantant toujours des prières. Nous les suivîmes de loin tant que nous pûmes ; mais, comme cela ne nous regardait pas et que nous avions de l'ouvrage, nous revînmes à notre champ. Avant d'y entrer, nous allâmes visiter le réservoir de la fontaine qu'on avait laissé ouvert; mais nous n'y vîmes ni trous, ni caveau, ni souterrain. Il y régnait seulement une odeur des plus fétides, qui nous força à nous en éloigner bien vite. Voilà ce que nous avons vu, ce que nous avons rapporté dans notre village et que personne n'a cru. Au contraire, ils se sont tous gaussés de nous, en disant que nous avions eu une vision ! »

Ce rapport paraît faire une profonde

fonde impression sur Georges Vernex. Il garde le silence, baisse les yeux à terre, réfléchit, et ne prête plus d'attention à la conversation, tant il est absorbé dans ses pensées.

La vieille demoiselle continue : Vous voyez bien qu'après avoir enlevé le cadavre, ces inconnus avaient remis la pierre du caveau, dont mon frère connaissait autrefois le secret. Elle était si bien remise, que, lorsque la justice y est venue, deux jours après cet enlèvement, il a fallu ôter tous les pavés, toutes les dalles du premier caveau pour découvrir la pierre du second !... C'est donc pour vous dire, madame la marquise, que le coupable, ou ses complices, auront eu le soupçon qu'on allait produire au grand jour la victime de leur crime, et qu'ils se seront empressés de la soustraire à tous les regards. De même, Léonardo, qui se doute bien que vous vous plaignez de lui, ne laissera pas long-temps dans la même retraite l'objet de son amour, cette infortunée Inèsia ? non ; il se hâtera...

Ici, Ariana est interrompue par l'arrivée du sage Ayrard. Micheline, qui introduit son éminence, s'écrie : Voilà monseigneur, madame, voilà monseigneur, qui a de bien mauvaises nouvelles à vous apprendre !

La marquise, effrayée, demande quelles sont ces nouvelles. — Affreuses, marquise, affreuses !... D'abord, ce traître Léonardo est passé à l'ennemi. Oubliant sa naissance, son rang, son illustre famille, ce qu'il doit à son nom, à l'honneur, ce vil transfuge a pris les armes contre sa patrie. Quant à Inèsia, madame.... elle est perdue pour vous !... n'espérez plus la revoir !... — Perdue !..., Ma fille, ma chère fille ! elle est morte !...

La marquise perd soudain connaissance.

CHAPITRE VIII.

Petite guerre.

Inésia, cependant, se repentant à juste titre de n'avoir pas suivi les conseils des frères Sessi, qui, cette fois, étaient sincères, regardait avec autant d'étonnement que d'effroi, à travers sa croisée, la troupe de cavaliers armés qui semblaient s'avancer directement vers sa prison. Bientôt elle distingua Léonardo qui était à leur tête, accompagné du baron de Salavas et de leur fidèle Le Roc. Mais, ce qui la surprit, c'est qu'elle entendit, autour de la maison, le bruit d'autres soldats qui semblaient y être postés et qui s'écrièrent : Les voilà ! attendons-les fermement et combattons ces traîtres.

Plusieurs de ces derniers montent dans son corridor et disent tout haut : Mademoiselle d'Oxfeld ! mademoiselle d'Oxfeld ! êtes-vous ici ? Nous venons vous délivrer. — Qui êtes-vous ? — Nous sommes envoyés par la marquise d'Arloy, par l'archevêque d'Auch et par un prince souverain pour vous arracher des mains du seigneur Léonardo. Comme il arrive droit ici avec ses gens, cela nous a fait présumer que la maison isolée que nous cherchions était celle-ci. Vous y êtes, ô bonheur ! Rassurez-vous, restez ici, et ne vous effrayez pas du combat que nous allons livrer à ces traîtres : ils sont plus nombreux que nous ; mais Dieu protégera la justice de notre cause. Amis ! abritons-nous dans cette maison, et faisons-en une citadelle d'où nous allons tirer sur la troupe de l'ennemi de notre maître.

A l'instant, la maison est pleine de soldats. Inèsia, malgré ses terreurs, est conduite et enfermée dans une chambre haute. Cyconia, Carli et sa femme sont également renfermés, et toutes les fenêtres, toutes les issues de cette maison sont remplies de soldats milanais qui repoussent d'abord avec avantage l'assaut que leur livrent d'en bas Léonardo et les siens.

Mais les défenseurs d'Inèsia sont en trop petit nombre pour résister long-temps. Les assiégeans abattent les faibles murailles de leur fort ; ils y pénètrent de tous les côtés ; quelques assiégés mordent la poussière, et le reste ne se retire qu'après avoir fait un carnage affreux dans la bande d'Impériaux que commande Léonardo.

Ce misérable est vainqueur enfin.

Il a mis en fuite le peu de défenseurs qui restaient à Inèsia, et il la fait descendre dans une salle basse, au rez-de-chaussée, où il établit son quartier-général. Inèsia, qui a vu périr pour elle de braves gens envoyés par ses protecteurs, est toute en larmes ; elle regarde Léonardo, le baron de Salavas, qui seuls ont des uniformes italiens, et promenant ses yeux sur une trentaine de soldats allemands qui l'entourent, elle s'écrie: Où suis-je? Quel sort me réserve-t-on?

Le baron veut lui prendre la main, elle le repousse. Le baron lui répond avec une humeur ironique : L'ingratitude guide toutes vos actions, mademoiselle ; est-ce ainsi que vous accueillez celui qui éleva votre enfance? —Je ne vous connais plus que pour mon persécuteur et mon bourreau. — Mais, puisqu'il faut le dire tout haut, ne suis-je pas votre père, celui de votre mère ? J'ai confié ce secret au seigneur Léonardo, qui doit être bien indigné de votre insolence.

— S'il n'a pas frémi de vos cruautés envers une fille innocente et malheureuse, il faut qu'il soit un monstre tel que vous.

Abrégeons ces reproches, interrompt Léonardo. J'ai tout su, Inèsia, et j'ai tout prévu. Indigné contre mon pays qui m'a repoussé de son sein, sachant que le grand général prince Eugène avait pris Crémone, j'ai été lui demander du service. Il a daigné m'accueillir, ainsi que votre père et son intendant. Je commande maintenant, contre les Italiens, une division impériale ; votre père est le mien, puisque vous allez devenir ma femme. — Moi, scélérat ! — Oubliez-vous que vous êtes ma prisonnière !

Dès ce moment, vous m'appartenez et je vous emmène à l'armée du puissant empereur Léopold. — Grand Dieu ! quelle destinée ! — Choisissez, ou ma main, ou des fers. — Des fers, mon Dieu ? des fers brûlans ! ils sont préférables à l'horreur de t'appartenir ! — Cette colère exagérée se calmera, rétive Inèsia ! vous sentirez que votre seul parti maintenant est celui de la soumission. Il n'y a plus ici de Gérald, de Fidély qui puissent vous secourir. Ils vont tomber au contraire en ma puissance ; car, dans peu de jours, nous serons maîtres de Milan, dont Crémone nous ouvre les portes.

Il s'adresse à sa troupe : Allons, braves camarades ; je ne me doutais guère que vous auriez un choc à soutenir dans cette masure, qui ne pouvait d'ailleurs tenir long-temps. Mademoiselle, en véritable châtelaine, a trouvé le moyen de lever une armée apparemment ; mais vos généreux efforts l'ont dispersée comme le vent chasse la poussière. Retournons au camp du prince Eugène, et culbutons les Français, qui, unis aux Milanais, veulent nous empêcher de prendre le reste de l'Italie. Elle sera notre conquête, et tous les Géralds, tous les Fidélys du monde, malgré les exploits qu'ils font, dit-on, dans leur armée, n'empêcheront pas la nôtre de triompher.

Il se retourne vers Inèsia : Madame ! que vous me suiviez de gré ou de force, il faut que vous me suiviez ! je vous livre à votre père et à mon aide de camp, le comte de Thunderbrok, que vous voyez. Nous partons tous en même temps !

Une voiture se trouvait prête pour emmener Inèsia, Cyconia et la femme de Carli. Celui-ci ayant appris à Léonardo comment et pourquoi il avait été blessé par les deux frères Sessi, qui étaient en fuite, Léonardo n'en devint que plus furieux contre Inèsia. Ce n'était plus de l'amour qu'il ressentait pour cette belle personne; il n'était animé que par le désir de faire une pareille conquête et de l'arracher à Fidély, dont il soupçonnait la naissance et le véritable nom.

Ainsi l'infortunée Inèsia, malgré ses plaintes et ses gémissemens, fut transportée, au milieu du bruit des armes et de l'attirail des camps, jusque dans Crémone même, où elle fut confiée, comme prisonnière, aux soins de Cyconia, de Le Roc et de Carli, dans un hôtel que Léonardo s'était approprié.

Laissons-la implorer les secours de la religion, l'appui de la divine providence, et hâtons-nous d'arriver au dénouement de cette histoire.

CHAPITRE IX.

Valeur et honneurs.

La marquise d'Arloy s'était évanouie en apprenant, de la bouche de l'archevêque, qu'Inèsia était perdue pour elle. Cette bonne marquise la crut morte, et, quand elle eut recouvré ses sens, on eut beaucoup de peine à fixer son attention sur le récit que le sage Ayrard allait lui faire, ses larmes, ses sanglots l'empêchant de l'écouter. Vous vous êtes trompée, marquise, lui dit enfin le digne prélat; Inèsia existe; mais elle est dans les fers. Plusieurs de nos gens, envoyés hier à la découverte de la maison isolée, sont revenus à l'instant même. Ils ont trouvé, cette nuit, ce repaire du crime ; mais Léonardo les en a chassés, et il est resté maître d'Inèsia. Léonardo et le baron de Salavas sont, à présent, au service du prince Eugène. Le croirez-vous, madame ? Léonardo est le propre neveu du duc vice-roi de Milan, et il abandonne son oncle, sa patrie, pour prendre les armes contre ce qu'il a de plus cher au monde ? Une telle horreur peut-elle se concevoir, et cet homme n'est-il pas le plus lâche de tous les lâches !... Vous comprenez que le prince Eugène s'est empressé d'accueillir un tel transfuge, qui d'ailleurs n'est pas sans quelques talens militaires, ce qu'il a prouvé dans la guerre de l'année dernière, contre ce même prince Eugène, qu'il fit trembler alors et qu'il sert bassement aujourd'hui. Il est certain que Léonardo avait mérité la colère de son oncle, en conspirant contre les jours de cet oncle vénérable..... Oui, marquise, ce Léonardo, que vous avez connu, neveu du duc de Milan, a ourdi une conspiration sourde, pour abréger les jours de ce prince et s'emparer de sa couronne. Voilà, sans parler d'autres crimes qu'il a commis depuis longues années, ce qui a forcé le duc à le bannir, à le dépouiller de ses titres, de ses biens, punition trop douce pour un pareil forfait, mais bien digne de l'excellent cœur d'un oncle, qui n'a point d'enfant, et qui regardait ce jeune homme comme le sien ! Ce vil Léonardo s'est cru tout permis, tant qu'il a su capter l'amitié et la protection du duc; mais, quand il fit conduire la première fois Inèsia à Bologne, il commençait à perdre beaucoup de son crédit, et son oncle ouvrait enfin les yeux sur son affreux caractère. Aujourd'hui, il justifie, par sa lâche conduite, la haine et l'horreur qu'il inspirait par-tout; mais il retient notre Inèsia prisonnière, et pouvons-nous espérer de jamais la revoir; car ce misérable est capable de tout pour éviter de la rendre.

La marquise saisit une main de l'archevêque, et la presse sur son cœur, en lui disant : Sage et vénérable prélat, ne me quittez pas, ne m'abandonnez pas une minute; car, sans vous, loin de vous, je ne puis résister à la multitude des coups qui me frappent, ou à la fois, ou successivement, sans discontinuité......
Il faut donc que je retombe sans cesse de précipices en précipices...
Dites, dites, monseigneur, est-il au monde une femme plus malheureuse

que moi ! Mon fils me quitte, et j'ignore encore pourquoi, pour quel motif ; je gémis, j'accuse tout le monde d'une perte aussi cruelle. Une heureuse illusion vient suspendre un moment mes inquiétudes ; je me persuade que l'homme qui me l'a enlevé, est un grand prince, un monarque, un puissant souverain. Son nom justifiait cette erreur, et lui-même, il cherchait, dans ses discours et dans ses lettres, à l'accroître de plus en plus. Enfin cet homme, tout le prouve, n'est plus à mes yeux que Gérald ; mais qu'est-ce que c'est que Gérald ? et pourquoi retient-il mon fils ? pourquoi mon fils lui-même regarde-t-il comme un devoir à remplir le parti qu'il a pris de s'attacher au sort de Gérald ? Enfin tout cela était une assez grande peine pour moi ! Il faut encore qu'on m'enlève m'enleve ma fille adoptive, qu'on me promène avec elle, sans elle, qu'on me fasse courir des dangers de tout genre, qu'on nous traite enfin, elle et moi, en héroïnes de roman, moi sur-tout qui, par mes goûts, mes habitudes et mes mœurs, étais bien loin de m'imaginer que je courrais un jour les aventures ; et, pour doubler encore mes chagrins, mes inquiétudes, je n'entends parler autour de moi que de mystères, de secrets... En voilà un pourtant, un seul de dévoilé. On m'apprend enfin que Léonardo est le neveu du vice-roi duc de Milan. Comment donc a-t-il été, toute sa vie, l'ennemi de Gérald, et quels rapports ont-ils entre eux ? Je conçois que Gérald a dû trembler plus d'une fois d'avoir un aussi puissant ennemi ! Quel que soit son état, sa fortune, il faut que ce Gérald soit bien peu de chose, en comparaison de Léonardo, puisqu'il a mendié son pain, deux années de suite, à la fontaine Sainte-Catherine. C'était un déguisement, j'en conviens ; mais ne pouvait-il pas en prendre d'autres, plus décens, plus convenables à un homme bien élevé? et qu'est-ce que Fidély a à faire dans tout cela ? quel intérêt a-t-il à démêler avec tous ces gens ? voilà mon unique question, mon éternelle question, à laquelle personne ne veut répondre ? Oh, monseigneur, je suis bien à plaindre, je suis bien à plaindre?

Ses larmes coulent de nouveau. Le sage Ayrard lui prend la main à son tour, et lui dit : Vous avez de la religion, marquise; vous avez de la patience, de la résignation. Le seigneur est enfin touché de vos larmes; il veut mettre un terme à vos peines, et avant qu'il s'écoule un mois, il rendra Fidély le plus heureux des hommes. C'est vous dire assez que, le chérissant comme vous le faites, vous partagerez son bonheur. Je dis avant un mois, cela sera peut-être plutôt, et tout le fait espérer. Dans quelques jours, j'espère vous apporter de bonnes nouvelles. Très-certainement, il y aurait aujourd'hui fort peu d'inconvéniens à vous mettre au fait de tous ces secrets ; nous sommes arrivés à un point où vous dire tout vous consolerait de tout ; mais, quand vos meilleurs amis brûlent à présent de vous instruire, il en est survenu tout à coup, depuis peu, un autre qui ne veut pas qu'on vous éclaire, qui se réserve ce droit, qui s'en fait même un mérite, un bonheur, et, pour ainsi dire, un devoir. Le mot est bien fort ; il est cependant appliqué là dans toute sa valeur. Cet ami, digne marquise, est puissant, bon, juste sur-tout ; je lui dois moi-même les plus grands égards, et je ne puis que me conformer à ses ordres : attendez donc qu'il vous parle. Il vous verra, il vous parlera bientôt, oh! bientôt, j'en suis sûr. Son seul regret est de ne pouvoir plus vous réunir à votre Inèsia, à qui, je vous l'ai dit, il porte tout autant d'intérêt que vous.... Le retour d'Inèsia dépend maintenant du sort des armes ; si nous sommes vainqueurs, si nous repoussons l'ennemi, nous délivrerons peut-être cette belle Inèsia.... à moins que Léonardo ne l'entraîne avec lui continuellement dans sa fuite; car il ne se laissera jamais prendre comme prisonnier ; il sait trop qu'un échafaud est le seul trône qui l'attende ici. Remettez-vous, marquise, et cédez aux consolations de votre ami, de votre bien bon ami.

Il y avait une onction vraiment évangélique dans les paroles du respectable archevêque. Son éloquence, douce et persuasive, parvint à consoler un peu la bonne madame d'Arloy. Elle lui promit d'attendre, du temps et des circonstances, un changement qu'on lui assurait devoir être très-heureux, et le sage prélat d'Aquitaine la laissa dans ces heureuses dispositions.

Quand il fut sorti, Micheline, qui avait reconnu Ariana pour avoir appartenu autrefois, et de son temps, à la marquise, demanda d'un ton aigre ce que venait faire cette femme. La marquise lui répondit : Elle s'est repentie, dit-elle, de ses erreurs ; elle vient m'en demander le pardon. Je le lui accorde volontiers ; mais mon intention n'est pas de la revoir. Je vous sais gré, Ariana, de la démarche que vous avez faite ; vous veniez m'instruire du sort d'Inésia, m'indiquer sa prison ; cela est bien. Maintenant que je n'ai plus besoin de vos services, vous pouvez vous retirer. Si vous avez l'intention de faire une juste pénitence de vos fautes, cette bourse de sequins, que je vous donne, vous aidera à passer doucement le reste de vos jours.

Ariana, se jetant aux genoux de la dame, s'écria : O bonne, excellente maîtresse ! j'accepte vos dons; ils serviront à me faire entrer dans le couvent voisin *de la Madona della Pieta*, où je vais consacrer à Dieu, à l'hospitalité, le reste de ma vie! Je prierai pour vous, pour Inésia, et peut-être l'être de clémence écoutera-t-il les vœux d'une pécheresse repentante. Vous ne me reverrez plus, madame; mais sans cesse je penserai à vous, à vos bienfaits.

Cette coupable Ariana paraissait entièrement convertie. Ses larmes, ses remords étaient sincères ; ils attendrirent jusqu'a Micheline elle-même qui la reconduisit, en fortifiant dans son cœur les sentimens de religion qu'elle venait de manifester.

Quelques jours après, on apprit qu'en effet la vieille Ariana était entrée au couvent *della Pieta,* avec la résignation qu'exigeait sa nouvelle profession.

La marquise raconta à Micheline, devant Georges Vernex, l'histoire étonnante que lui avait rapportée Ariana, au sujet de l'enlèvement nocturne d'un cadavre dans le caveau de la fontaine S^e-Catherine. Micheline remarqua, ainsi que l'avait déjà fait la marquise, que ce récit semblait singulièrement émouvoir le jeune Georges, dont les traits s'altérèrent visiblement. Il sembla même prêt à perdre connaissance. Son trouble en un mot fut si grand, que la marquise lui en demanda la cause. Il balbutia, s'excusa sur une indisposition subite et se retira. Micheline ne se doutait pas, non plus que sa maîtresse, que l'histoire de ce cadavre pût intéresser Gérald, encore moins Fidély ; mais Georges le savait, et, comme il était bien sûr que Gérald n'était pas l'auteur de l'enlèvement du corps de son épouse, il cherchait qui pouvait être l'auteur de cette espèce de profanation. Il en écrivit à Gérald, qui lui répondit qu'il ignorait cet événement, et Gérald, ainsi que Fidély, en restèrent profondément affligés.

Cependant plusieurs batailles se livrèrent

livrèrent sous les murs de Crémone, et dans toutes, le jeune Fidély et son père firent des prodiges de valeur que publièrent par-tout les trompettes de la renommée. L'archevêque d'Auch ne manquait pas de venir souvent en informer la marquise, et il ajoutait toujours, à chaque haut fait qu'il racontait de ses amis : Cela va hâter le moment de leur bonheur !

Il n'en disait pas davantage ; mais ces mots consolaient, en même-temps qu'ils rassuraient la marquise. Le bruit courut que le général Gérald et son lieutenant Fidély retenaient seuls le prince Eugène bloqué dans Crémone, dont il ne pouvait pas sortir, et chacun vantait le courage et le mérite militaire de ces deux officiers. On était dans le cœur de l'hiver, et rien n'arrêtait les efforts de ces héros. Un nouvel espoir vint bientôt ranimer les Italiens confédérés. La cour de France, indignée de ce que le maréchal de Villeroi s'était endormi tranquillement dans Crémone, tandis que les Impériaux y avaient pénétré, rappela ce maréchal, et envoya à sa place un petit-fils d'Henri IV, le fameux duc de Vendôme, qui répara toutes les fautes de son prédécesseur, et força le prince Eugène à se retirer de Crémone, le soir du 1.er février 1702, après avoir combattu tout le jour en héros. Gérald et Fidély eurent la plus grande part à cette victoire, et le duc de Vendôme, pour récompenser leur valeur, se les attacha comme aides de camp.

Ce qui surprenait Fidély, c'est que, dès le commencement de la campagne, qui avait eu lieu vers la fin de l'été de l'année précédente, son père et lui, quoique simples officiers alors, avaient été traités avec les égards les plus respectueux, même par les généraux en chef. Ils ne parlaient jamais à Gérald que chapeau bas, et ne lui transmettaient qu'avec infiniment de douceur les ordres militaires. Fidély crut reconnaître parmi eux les trois officiers qui étaient venus à l'hermitage Saint-Fulgence et une foule des gens qui, sous divers déguisemens, avaient protégé le voyage de son père, du temps qu'il se faisait nommer *Il Sosio*. Il alla même jusqu'à croire que les inconnus, qui lui avaient tant fait peur, la nuit, à l'hermitage et au caveau de la fontaine Sainte-Catherine, étaient au nombre des soldats qui combattaient aux côtés et sous les ordres de Gérald. Vernex père était là aussi, qui faisait, comme lui et Gérald, des actes de bravoure. Il semblait, en un mot, que tous les amis de Gérald étaient autour de lui et lui faisaient un rempart de leurs corps. Quand Fidély se vit aide de camp du duc de Vendôme, son père général de division, et lui, lieutenant général sous les ordres de Gérald, les hommages qu'on leur rendit à tous deux alors ne l'étonnèrent plus. Il crut devoir les attribuer aux grades dont ils étaient décorés.

Fidély se battait comme un lion, dans l'espoir sur-tout de rencontrer, parmi les troupes ennemies, le traître Léonardo qui lui avait ravi sa maîtresse. Fidély savait qu'Inèsia était prisonnière de ce misérable, et le désir de délivrer son amie, de punir son lâche ravisseur, doublait sa valeur et son zèle. On n'ignorait pas que Léonardo était à la tête d'un corps d'Impériaux ; mais on n'avait jamais aperçu ce corps, que Fidély brûlait de tailler en pièces pour arriver jusqu'à Léonardo.

Après sa retraite de Crémone, le prince Eugène tourna derrière Mantoue, Reggio, et alla mettre le siége devant Modène. Fidély s'informa, chercha en vain dans les places abandonnées par l'ennemi ; personne ne put lui donner des nouvelles d'Inèsia. Plus que jamais courroucé contre Léonardo, il cherchait l'occasion de se mesurer avec ce rival ; elle ne se présenta pas ; sa rage contre lui lui fit faire des prodiges de valeur, et son père, craignant pour sa santé, l'avertit qu'il était temps enfin de mettre un terme à sa carrière militaire. Fidély, lui dit-il un jour, je reçois à l'instant un message qui comble mes vœux. Embrasse-moi, mon Fidély, le jour du bonheur luit enfin pour toi ; grâce à ton courage, à quelques preuves que j'ai données du mien, nos malheurs sont terminés ; nous sommes appelés à Milan pour y recevoir, moi, un juste dédommagement des maux que j'ai soufferts ; toi, la récompense de tes vertus filiales, privées et guerrières. Ce matin même, mon cher fils, nous allons faire nos adieux au général en chef, et nous partirons sur-le-champ pour Milan, où nous arriverons demain, où nous retrouverons enfin ta bonne mère, la marquise d'Arloy. Couvert d'honneur et de lauriers, mon Fidély, comme tu vas être embrassé par cette digne femme ! J'entends tes soupirs ! Inèsia te manque ! Inèsia, mon ami, n'est pas en notre pouvoir. Un traître, un vil conspirateur, un lâche s'en est emparé, et peut-être ne la reverrons-nous jamais !... Calme-toi, mon Fidély, et qu'un autre espoir fasse descendre quelque consolation dans ton ame : dans peu de jours, ton sort et mes secrets seront dévoilés... Tu me jugeras alors, ainsi que je te l'ai toujours dit, et tu te jugeras toi-même. Viens, mon fils, viens avec moi faire nos adieux au duc de Vendôme.

Fidély était accoutumé à l'obéissance. Il suivit son père à la tente du duc, qu'ils trouvèrent lisant une lettre. Je sais, leur dit avec affabilité ce grand capitaine, je sais ce qui vous amène. Je reçois une lettre de la personne qui s'intéresse à vous, et qui m'apprend l'objet de votre visite. Je regrette sans doute, général Gérald, un soldat tel que vous.... mais il est temps que le sort mette un terme à vos longues infortunes ; je ne voudrais pas reculer d'un jour un instant de bonheur que vous avez tant acheté !... Et vous, jeune Fidély, je vais cesser aujourd'hui de vous donner ce nom. Depuis mon arrivée en Italie, je sais que vous êtes le fils de ce grand homme ! oui, vous êtes son digne fils, et vous méritez de partager la félicité qui l'attend. Allez avec lui, accompagnez-le ; mais songez que je ne renonce pas à l'avantage de vous revoir sous mes drapeaux. Vous y reviendrez de vous-même, j'en suis sûr, et vous m'aiderez, comme vous l'avez déjà fait, à chasser entièrement l'ennemi de votre belle Italie... Un instant, mes amis ?... Je pense qu'avant votre départ, vous voudrez sans doute partager la gloire de ce beau jour. Mon conseil, mes plans, tout m'assure que je puis forcer, aujourd'hui même, les Impériaux à lever le siége de Modène. Nous les avons tellement battus à Santa-Vittoria, qu'ils sont très-affaiblis en ce moment. Il ne faut pas leur donner le temps de respirer. Aujourd'hui même, Modène retombera en notre pouvoir, et cette journée décidera du sort de l'Italie. Vous me la consacrerez sans doute; car celui qui nous a écrit, à vous et à moi, ignore que nous sommes prêts à cueillir un si beau laurier. Il ne voudrait pas que vous en refusassiez votre part. Aidez-moi donc à faire lever le blocus de Modène, et vous partirez après?

L'offre était trop belle pour n'être pas acceptée. Gérald et Fidély se signalèrent de nouveau dans cette action; Modène fut repris, et Fidély, pour sa part, fit prisonnier un corps de cent Impériaux qu'il avait su attirer dans une embuscade. Quand la victoire fut remportée, le duc de Vendôme, entouré de son état-major, adressa publiquement les complimens les plus flatteurs à Fidély, et les termina ainsi : Retournez maintenant à Milan, jeune héros; allez jouir du bonheur d'un père qui vous a transmis ses vertus. Je vous donne les prisonniers que vous avez faits; qu'ils suivent votre char de triomphe, et déposent à vos pieds, devant le vice-roi du grand Philippe V, les drapeaux que vous avez pris à ses ennemis. Allez, jeune héros; vous emportez l'estime de tous vos compagnons d'armes; car vous vous êtes fait ici des amis et pas un seul jaloux.

Ces mots, prononcés par un tel capitaine, flattèrent Gérald et son fils. Chacun d'eux reçut une riche épée des mains du général en chef, et ils partirent avec mille hommes de garde d'honneur et les cent prisonniers qu'avait faits Fidély.

CHAPITRE X.

Voilà enfin le mot de l'énigme.

IL s'était écoulé plus de dix mois, depuis que la marquise, séparée d'Inèsia, de son fils, de tout ce qui lui était cher, habitait la maison de Gérald, place du Dôme à Milan. L'archevêque d'Auch s'était vu forcé de retourner à son diocèse, ensorte que la triste marquise était seule livrée à la douleur, consolée uniquement par sa fidèle Micheline et le bon Georges Vernex. La marquise recevait des nouvelles des armées, et savait tous les exploits dont Gérald et sur-tout Fidély s'illustraient chaque jour. L'avancement rapide de ce jeune homme flattait sa vanité en diminuant le poids de ses peines. Quand elle le sut lieutenant général de Gérald, aide de camp du fameux duc de Vendôme, elle ne douta plus que les prédictions du sage Ayrard ne s'accomplissent, et, pour achever de la consoler, le digne prélat revint à Milan, au commencement d'août. Son premier soin fut de se rendre chez elle.

– Eh bien, marquise, lui dit-il en souriant, nous avons attendu ; mais enfin nous arrivons au port. Fidély va revenir ; vous allez le serrer dans vos bras ; vous connaîtrez tous nos secrets, et vous goûterez désormais un repos sans mélange. — Est-il possible, monseigneur ? — Le quinze de ce mois, l'armée française et italienne doit faire lever le blocus de Modène, et, quelques jours après, Gérald et Fidély reviendront à Milan ;

ces nouvelles sont certaines ; je les tiens d'un homme qui sait tout ce qui se passe, et qui s'intéresse beaucoup à nos amis. Quelle joie pour vous, madame, de voir revenir Fidély couvert de gloire, d'honneurs et de dignités ! —Ah, monseigneur, je vais redevenir enfin la plus heureuse des mères ; mais, ce bonheur, je l'ai bien payé !—J'en conviens. — Il sera encore mélangé d'un regret éternel ; Inèsia !... —Oh, pour Inèsia, marquise, il ne faut plus compter sur elle !... Ce méchant Léonardo l'a conduite, on ne sait où ? Fidély, animé par l'amour et le désir de la vengeance, a fait toutes les perquisitions possibles ; elles ont été infructueuses. Inèsia est à jamais perdue pour nous.

L'archevêque soupire, et la marquise, admirant l'excellent cœur de ce saint homme, cherche à le consoler, quand elle aurait elle-même besoin de consolations. Sage Ayrard, dit-elle, vous m'avez recommandé la résignation aux décrets de la providence ? Vous et moi, montrons ce courage, cette patience qu'elle inspire aux ames fortes. A peine connaissiez-vous Inèsia, que vous lui prodiguâtes la tendresse d'un père ! J'étais, moi, j'étais sa tendre mère ! L'infortunée peut-être n'existe plus ; peut-être a-t-elle attenté à ses jours ; elle haïssait si mortellement son ravisseur! Homme odieux, le ciel ne te punira-t-il pas de tant de forfaits ! — Le ciel, marquise, ne laisse jamais triompher le criminel. Celui-ci sera puni, j'ai un pressentiment qu'il le sera.

Ces deux amis sincères causèrent encore quelque temps. L'archevêque se retira, revint le lendemain, et, pendant quinze jours, il ne manqua pas de visiter cette mère infortunée.

Un soir qu'ils étaient ensemble, on entendit, dans la cour, des cris de joie poussés par Georges et le vieux Bertolio : Les voilà, les voilà !

Micheline accourt comme une insensée: Les voilà, dit-elle à son tour? Ils arrivent! Ah, mon Dieu, quel bonheur ! — Qui, demande la marquise? — Eh pardi, Gérald et votre fils. Ils descendent de cheval ; ils entrent ; les voilà !

A ces mots, Fidély s'élance dans les bras de la marquise et Gérald embrasse étroitement l'archevêque, qui pleure de sensibilité. La marquise et le jeune homme sont trop émus pour pouvoir parler. La marquise surtout est dans des transports qui lui font faire des extravagances ; elle admire son fils, elle tourne autour
de

de lui, s'écrie : Il est charmant sous cet uniforme! Te voilà, mon cher fils! Tu ne me quitteras plus? — Jamais mad.... ma mère, jamais; mon digne protecteur me l'assure.

Gérald prend la parole. Oui, marquise, dit-il, vous resterez toujours à l'avenir auprès de Fidély ; vous partagerez sa félicité, et ce sera votre consolation. — Oh, je suis toute consolée, monsieur! je le vois, je le verrai, je le garderai toujours! Ah, tous les maux qu'il m'a causés sont effacés! — Oserai-je maintenant vous témoigner ma surprise, madame, de vous retrouver dans cette maison, qui m'appartient? Je suis charmé qu'un autre vous y ait donné l'hospitalité, mais j'aurais désiré remplir moi-même ce devoir. — Quoi, monsieur, vous avez ignoré jusqu'à présent?... — Que j'eusse l'avantage d'être votre hôte. On m'avait bien appris votre séparation d'avec Inèsia, la captivité de cette infortunée ; mais on avait ajouté que vous étiez retournée à votre château d'Arloy. Si j'avais pu vous écrire, moi ou Fidély, vous auriez reçu là nos lettres ; mais, quand on ne quitte pas l'épée, trouve-t-on le moment de prendre une plume !

L'archevêque, étonné, dit à Gérald : Comment, vous arrivez à Milan, tout droit ici, et l'on ne vous a pas instruit que la marquise ?.... — Ce n'est que tout à l'heure, là-bàs en montant les degrés, que Georges m'a dit : Vous allez voir madame la marquise d'Arloy ; elle loge ici depuis onze mois..... Je n'ai pas eu le temps de le questionner ; lui, Bertolio, Micheline, ils m'ont tous entraîné ici.— En ce cas, réplique l'archevêque, c'est un secret que je possède et dont je vous instruirai, quand nous serons seuls. Ne nous livrons tous, pour le moment, qu'au plaisir de nous revoir.

On sent bien que la marquise accable Gérald et Fidély de questions auxquelles ils répondent suivant que la prudence le leur permet. Ce qui la flatte le plus, c'est la promesse qu'on lui fait, et toujours dans les mêmes termes, qu'*elle restera à l'avenir auprès de Fidély.* — Il ne me quittera donc plus ? — Jamais ? — Oh, Gérald! ô digne prélat! vous m'aviez bien prédit le bonheur ; le voilà !

Quand toutes ces effusions, si naturelles, sont terminées, on pense à laisser les voyageurs libres de prendre du repos. L'archevêque se retire, l'ame pleinement satisfaite, et Gérald, en prenant congé de la marquise, lui dit: Demain, madame, votre fils et moi, nous aurons trop d'occupations pour vous consacrer la journée. Par un nouveau grade, je suis commandant général de la place de Milan, en remplacement de l'estimable comte d'Alberoni, qui passe à d'autres fonctions. Votre fils est mon lieutenant. Il faut que nous allions faire nos rapports à son altesse, monseigneur le duc vice-roi de Milan, que nous prenions ses ordres, que nous décidions avec lui du sort de nos prisonniers. Tout cela nous prendra du temps ; mais, le soir, nous viendrons nous reposer de nos fatigues dans le sein de la nature et de l'amitié.

Vernex rentra dans ce moment, et son fils Georges lui prodigua les plus tendres caresses. Tout le monde était heureux ; tout le monde jouit d'un sommeil tranquille, excepté

Fidély, que le souvenir d'Inésia, perdue à jamais pour lui, troublait sans cesse.

Le lendemain, Gérald et son fils sortirent de bonne heure à cheval, pour se rendre au camp, dressé toujours par précaution sous les murs de Milan, et où ils devaient commander dorénavant. En marchant, Fidély dit à son père: Est-ce de bonne foi, mon père, que vous avez dit, hier soir, ignorer le séjour de la marquise dans votre propre maison, ici? — Je te jure, mon ami, que je n'en savais rien. L'archevêque, que je dois voir seul ce matin, me dira les raisons du mystère qu'on m'en a fait. Si ces raisons viennent d'un soupçon que je forme, cet incident sera bien heureux pour moi, bien favorable à ma cause. — A votre cause? Je croyais, pour parler comme vous au figuré, que vous l'aviez gagnée? —

Oh, oui, mon ami, je ne crains plus rien. Je vais visiter quelqu'un qui m'en donnera la certitude. Fidély, demain, aujourd'hui peut-être, tu sauras tout ! Laisse-moi encore mes secrets, mes mystères, pour cette journée seulement ? Le délai n'est pas long, et ta patience a été trop exercée jusqu'à présent pour ne pas m'en donner cette dernière preuve. — Oh, mon père, comptez sur ma discrétion ! Je vous dois déjà tant! Par vous j'ai acquis un grade des plus distingués, de l'honneur, de la gloire. Oh, je n'avais pas besoin de tout cela pour me sentir fier d'être votre fils. —Tu en seras plus fier encore, quand je t'aurai avoué publiquement.—Publiquement ? — Sans doute ; dès l'instant que tu apprendras mes secrets, je n'en aurai plus pour personne. — O mon père ! ô bonheur.

Ils arrivent au camp, où les troupes sont sous les armes. A leur entrée, le canon tire, les fanfares partent de toutes parts, et les soldats s'écrient : Vive notre général !

Gérald, après avoir fait quelques dispositions, laisse son fils entouré des principaux officiers, et rentre dans Milan. Il revient au bout de trois heures, et dit bas à Fidély : J'ai vu l'archevêque, tout le monde. Je sais qui a fait conduire la marquise chez moi : oh, mon Fidély ! je suis le plus heureux des hommes !

Il s'adresse à son état-major et dit : Messieurs, monseigneur le duc viceroi m'a donné plein pouvoir sur les prisonniers. Qu'on me les amène ; leurs chefs d'abord.

Pendant qu'on exécute cet ordre, Gérald monte à cheval, fait une revue ; puis s'arrêtant et faisant venir son fils près de lui, il lui dit : Pro-

nonce toi-même, mon cher Fidély, sur le sort de tes prisonniers. En voilà deux qu'on me présente; ce sont des officiers. Ciel! que vois-je! Léonardo et le baron de Salavas! —
— Léonardo! s'écrie Fidély, en frémissant de rage.

C'était en effet Léonardo et le baron qui avaient été pris à la tête de cent hommes, en faisant imprudemment une reconnaissance. Ils étaient tous les deux chargés de fers. Léonardo avait l'audace et la haine peintes sur tous ses traits; mais Salavas était abattu comme un homme qui attend son juste supplice.

Lâche Léonardo, lui dit Gérald! te voilà donc en ma puissance! Crois-tu que ton rang, que ton titre de neveu du duc de Milan, puissent te soustraire à la mort que tu as méritée! Ton rang, tu l'as avili; les liens du sang,

sang, tu les as brisés en conspirant sourdement contre les jours d'un oncle trop long-temps prévenu en ta faveur. Vil transfuge ! tu as porté les armes contre ta patrie. Tu vas expier tes crimes : Soldats ! que ces traîtres soient fusillés à l'instant ! — Un moment, de grâce, mon père, s'écrie Fidély.

Léonardo répond en souriant avec amertume : Ton père ! je l'avais bien soupçonné, et c'est ce qui m'a fait, jeune insensé, te vouer une haine éternelle ! Tu triomphes ! Gérald est au comble de ses vœux ! Arrachez-moi la vie, vous le pouvez ; mais renoncez à l'espoir de revoir Inèsia ! — Mon père, reprend Fidély, laissez-moi l'interroger ?

Il s'adresse à Léonardo : Monstre, qu'as-tu fait de cette innocente victime?—C'est mon secret.—En quel lieu la soustrais-tu à tous les regards ?— C'est encore mon secret. —Existe-t-elle au moins, l'infortunée?—C'est toujours mon secret, et tu ne le sauras pas. —Je ne le saurai pas !—Qu'il te suffise d'apprendre que tu ne la reverras jamais. — Mon père ! accordez-lui un sursis ? que je l'interroge encore ; que les tourmens les plus affreux lui fassent avouer ce qu'est devenue Inèsia. — Mon fils, répond Gérald, je ne le puis sans la permission du duc. C'est son neveu; cet homme n'est pas un prisonnier ordinaire. Qu'on suspende un moment ?

Gérald envoie un mot d'écrit au duc, qui lui fait tenir cette réponse: *J'ordonne que le coupable Léonardo soit fusillé à l'instant même.* Fidély insiste pour que son père donne au duc les motifs du retard qu'il demande. Gérald écrit donc : *Monsieur le duc, souffrez que Léonardo ne périsse qu'après qu'il aura découvert l'asile d'une fille innocente, appelée Inèsia, et qui est adorée de mon lieutenant ?* Le duc répond de nouveau : *Une faible intrigue d'amour ne doit point arrêter ma vengeance. Général ? exécutez mes ordres ; que Léonardo meure au reçu de ce billet ?*

Tu le vois, mon cher fils, dit Gérald ; il faut que j'obéisse. — Mais au moins, mon père, son complice, ce vieux et méchant baron doit savoir où est sa fille ?

Léonardo répond : Je me méfiais trop de la faiblesse ou de la lâcheté de cet homme pour lui confier mon secret. Je jure que Salavas ignore le sort que j'ai fait éprouver à ma captive.

Le baron de Salavas lève la tête alors, et dit faiblement ces mots : Je l'ignore, seigneur Gérald ; Léonardo m'en a fait un mystère, comme il faut mourir un jour. — Un jour, réplique Gérald? à l'heure même, vieux misérable! Cependant, je puis te faire grâce de la vie, si tu signes à l'instant la restitution de l'héritage des quatre cent mille francs que tu as volés à Inèsia. — Vous savez ?... — Je sais tout. Signe, ou tu es mort! — Mon parti n'est pas douteux.

Il écrit sous la dictée de Gérald, qui, possesseur de ce titre authentique, dit ensuite au baron : Je t'ai promis la vie, je tiendrai ma parole ; mais, comme tu as porté les armes contre les Français, tes compatriotes, il faut que tu en sois puni. Soldats? conduisez en conséquence cet homme dans la prison d'état, et qu'il y termine dans les fers son odieuse vie ; allez ?

Les soldats entraînent le baron, et Gérald, s'adressant à Léonardo, lui dit : Avant que j'exécute l'ordre d'un oncle justement irrité, sois généreux, Léonardo ; apprends-nous le sort d'Inèsia ? — Vous ne le saurez pas ; je vous répéte que vous ne la reverrez plus ; ce sera votre supplice, et cette vengeance adoucit mes derniers momens ; qu'on me mène à la mort.

Il marche au milieu d'une haie de soldats, et bientôt un bruit de mousqueterie annonce qu'il a cessé de vivre.

Fidély est au désespoir ; si Léonardo a emporté son secret au tombeau, il faut renoncer au bonheur de retrouver Inèsia ; mais le baron de Salavas doit être de moitié dans ce secret impénétrable. Il a juré qu'il l'ignorait ; c'est sans doute par méchanceté, ou dans la crainte de déplaire à Léonardo. Fidély, pendant que son père s'occupe de détails militaires, vole à la prison où l'on vient de déposer le vieux baron. Monsieur de Salavas, lui dit-il, si vous fûtes l'ami du marquis d'Arloy, si vous fûtes celui de mon enfance, donnez-moi de grâce une dernière marque d'intérêt. Elle vous sera même utile ; car je puis adoucir votre captivité, la faire cesser, dès ce moment, si vous l'exigez. Oui, votre liberté sera le prix de votre franchise. Vos fers tombent à l'instant, si vous m'indiquez la retraite où l'on cache Inèsia à tous les regards. Parlez, vous êtes libre.

Le baron soupire, lève les yeux au ciel et répond : Si ma liberté dépend de cet aveu, je resterai longtemps captif ! Ecoutez ce qui s'est passé entre Léonardo et moi, et vous verrez si je puis répondre à votre demande. — Je vous écoute.

Le baron fait le récit suivant : « Tout le temps que nous restâmes à Crémone, Inèsia fut gardée à vue, sans sortir, sans parler à qui que ce fût ; mais, lorsque, le soir du premier février dernier, nous fûmes forcés d'évacuer cette ville, je sentis les dangers que je courais en m'étant attaché au sort de Léonardo, qui commençait à être vu avec une sorte de mépris, même par le parti ennemi qu'il servait. Redoutant alors ce qui m'arrive aujourd'hui, je témoignai mes craintes au seigneur Léonardo qui me traita de faible, de pusillanime, de poltron. — Poltron tant que vous voudrez, lui répondis-je. Si nous sommes pris, nous sommes perdus. Croyez-moi, retournons à Milan, implorer notre pardon. — Le puis-je, moi qui en suis banni !—Mais je ne le suis pas, moi, et, si je ramenais ma fille Inèsia à Gérald, à Fidély, je suis bien sûr qu'ils oublieraient mes torts.

» Ce mot le frappa, il s'écria : Quoi, vous seriez capable de m'enlever Inèsia, de m'abandonner, lâche que vous êtes ! Eh bien, partez, si vous le voulez, mais seul. Dès ce moment, je vais mettre, entre Inèsia et vous, une barrière insurmontable. Je vais la confier à quelqu'un plus sûr que vous, et jamais vous ne connaîtrez sa retraite. »

» Il me quitta brusquement, et dès-lors mon traître de Le Roc disparut avec Inèsia. C'est à Le Roc qu'il en a donné la garde ; il faudrait retrouver ce coquin ; mais où est-il ? voilà ce que je ne puis vous dire. Je restai avec Léonardo dans le dessein de regagner sa confiance et de connaître le sort de ma fille. Il se tint constamment silencieux sur ce point ; je ne pus, ni par prières, ni par menaces, le forcer à me dire ce qu'elle était devenue. Voilà l'exacte vérité sur Inèsia ; c'est Le Roc qui la garde en quelque coin du monde, si elle existe encore ; car son désespoir!... Lorsque nous fûmes faits prisonniers, il y avait long-temps que nous n'étions plus de si bon accord, Léonardo et moi. L'âge, l'expérience, et sans doute aussi la crainte d'un juste châtiment avaient pénétré mon cœur des plus vifs remords. Eh, dans le moment où je vous parle, cher Fidély, je suis tellement repentant des maux que j'ai causés à vous et sur-tout à votre père, que, s'il m'était possible de vous servir, de vous rendre Inèsia, je le ferais de tout mon cœur. Vous pouvez en croire un coupable qui expie ses fautes, et qui n'a maintenant nul espoir d'un pardon qu'il n'a pas mérité..... Mais comment vous trouvez-vous être le fils de Gérald, vous que j'ai élevé, pour ainsi dire, dès votre naissance, comme celui du marquis d'Arloy ? »

Fidély daigna lui donner quelques éclaircissemens. Le baron lui protesta de nouveau qu'il ne savait pas où était Inèsia, et Fidély quitta cet homme, repentant de bonne foi, en le plaignant d'avoir suivi la route du vice, au lieu de prendre le chemin de la vertu, qui mène toujours au bonheur.

Fidély revint au camp retrouver son père, à qui il fit part de la démarche infructueuse qu'il venait de faire. Gérald lui dit alors : Tu vois, mon fils, qu'il te faut oublier l'amie de ton cœur, cette infortunée Inèsia ! car quel espoir maintenant de la retrouver ? à moins que son geolier Le Roc, apprenant le juste supplice de son maître, ne brise les fers de cette jeune personne, qui ne peut lui être utile à rien. Cela peut arriver ; mais cela est encore dans les décrets de la providence ; et si Inèsia n'est plus!...

Fidély soupira, et Gérald ajouta : Maintenant, suis-moi, mon Fidély ; il est juste que tu viennes avec moi rendre tes hommages au duc de Milan.... Suis-moi, et prépare-toi à un grand changement. — A un grand changement ?—Tu vas me connaître, mon fils, et je n'aurai plus de secrets pour toi. — O mon père, quel heureux moment !—Tu l'as bien gagné par ta résignation, ta patience et ta tendresse filiale. Viens ?

Tous deux montent à cheval, arrivent au palais du duc, et là, introduits dans une première pièce, ils trouvent le digne archevêque d'Auch qui dit à Gérald : Je l'ai prévenu ; tout est complettement oublié; il brûle d'embrasser le jeune Fidély ! entrez avec moi.

Fidély suit son père et le prélat jusque dans un magnifique salon, où il aperçoit un petit vieillard, enveloppé d'une longue robe de chambre et qui paraît souffrant. Fidély, sans savoir pourquoi, tremble de tous ses membres, et son cœur bat violemment. Monsieur le duc, dit l'archevêque, les voilà! —Qu'ils approchent, répond le duc, d'un ton de voix faible, mais affable.

Gérald se précipite soudain aux

pieds du duc, en versant des larmes de sensibilité; il s'écrie : Vous m'avez permis de vous présenter mon fils ; il tombe à vos genoux, avec son père ; tous deux attendent leur bonheur du meilleur des oncles !

Des oncles, s'écrie à son tour Fidély !

Et il se jette aux pieds du duc.

Le duc répond : Ce n'est point là votre place, mes chers neveux ; c'est dans mes bras, c'est sur mon cœur que vous devez vous précipiter. Relevez-vous donc, enfans ! Ayrard ? forcez-les donc à m'obéir, à s'asseoir près de moi... Là, ils sont bien ; nous sommes bien tous comme cela. Embrassons-nous d'abord, et causons ensuite comme de bons amis. Le duc serre étroitement sur son cœur le père et le fils, et Fidély, frappé comme d'un coup de foudre de cette découverte imprévue, ne peut recouvrer l'usage de la voix. Le duc prend la parole en ces termes : Gérald ? je t'ai fait bien de la peine ; mais aussi tu fus bien coupable ! Oublions cela, je t'ai pardonné, et jamais je ne te reparlerai d'une faute dont tu as subi une trop longue punition. Moi-même, n'ai-je pas été coupable aussi ? Quelle odieuse prévention m'avait fait préférer à toi ton cousin Léonardo ? comme il m'a récompensé de mon sot attachement pour lui ! O mon cher neveu ! quel monstre nous avions là dans notre famille ! Le sage Ayrard, d'autres amis, qui t'estimaient comme tu le mérites, ont enfin dessillé mes yeux ; mais ils ont eu de la peine ; j'ai long-temps lutté contre leurs sollicitations. Enfin, je me suis rendu, et je compte au nombre de mes plus grands torts, le retard insensé que j'y ai mis. Tout est réparé, Gérald, sois maintenant mon cher neveu, mon fils et mon héritier.

Le duc s'adresse à Fidély, qui rougit soudain : Et vous aussi, jeune homme, vous êtes mon neveu, mon fils et mon héritier. Vous attendiez-vous à un pareil changement ? — O monseigneur ! — Appelle-moi ton oncle, mon ami, appelle-moi ton cher oncle. On m'a fait le tableau de tes souffrances, de ta soumission, de tes vertus, de toutes les qualités de ton cœur et de ton esprit. Si un jeu de la fortune te fait monter, en un instant, aux dignités, aux honneurs, au trône, pour ainsi dire, apprends que je suis fier, de mon côté, d'acquérir un neveu tel que toi. La vertu, dans quelque classe qu'elle se trouve, ne peut qu'honorer la grandeur et la richesse ! Sois donc aussi mon Fidély, comme tu l'as été, comme tu le seras toujours de ton père, si long-temps proscrit et malheureux. Ce bon père peut maintenant te raconter ses aventures, dont on m'a fait un récit détaillé. Tu y puiseras une leçon utile de patience et de courage dans l'adversité. Cela te sera nécessaire pour occuper un jour le poste éminent que ta naissance t'assigne dans la société. Vertueux Fidély, excellent fils, embrasse-moi donc encore ; tes caresses me font du bien. — O monsei... ô mon oncle ! — Bien ! bien ! je suis ton oncle, je serai ton second père. Sage Ayrard, que dites-vous de ce tableau ?

Le digne prélat, au comble de la joie, s'écrie : Deux neveux dans les bras d'un oncle qui les chérit ; un bon père, un tendre fils, pressant sur leur

leur cœur un vieillard qui leur a rendu toute sa tendresse, est-il un tableau plus touchant ! — C'est votre ouvrage, Ayrard. Oui, vous avez plus fait pour eux que Philippe V et Louis XIV lui-même, qui m'ont écrit en faveur de Gérald. Je vous communiquerai leurs lettres, mes chers neveux; vous y verrez que, sans vous en douter, vous aviez près de moi de puissans protecteurs. — Je le savais, mon oncle, réplique Gérald; je l'ai appris, quelques momens après que j'eusse quitté l'hermitage Saint-Fulgence ; mais je n'ignorais pas en même temps que ce vénérable prélat était mon plus zélé défenseur. — Mes amis, répond le duc, vous savez que je suis dans un état de souffrance continuelle. Le plaisir de vous revoir, de connaître et d'embrasser mon petit-neveu, m'a ému à un point... J'ai besoin de repos; pardonnez-moi si je me sépare sitôt de vous ; mais, demain, nous passerons la journée ensemble. Vous n'oublierez pas de m'amener cette bonne marquise d'Arloy. Ne lui dites rien jusqu'à ce que je la voie. C'est moi qui me charge de lui apprendre la naissance de Fidély. Cette digne femme ! en lui retirant l'illusion de la nature, je laisserai dans son cœur sensible le charme de l'amitié ; et l'aveu que je lui ferai mettra en repos la conscience de Fidély, qui a promis à son prétendu père, le marquis d'Arloy, de ne jamais révéler à sa veuve le secret qui lui serait confié à la fontaine Sainte-Catherine. Fidély tiendra ainsi son serment, et sa mère adoptive sera éclairée d'une manière à ne pas lui faire une trop grande révolution. Amenez-moi aussi cette bonne femme qui la sert. Son état n'est pas un motif pour qu'elle ne nous serve pas de témoin dans les faits que nous aurons à rapporter à sa maîtresse. Revenez donc demain, mes chers neveux, et préparez-vous à apprendre de ma bouche des choses que vous ignorez et qui combleront tous vos vœux.... Partez, partez tout de suite. Le désir de vous voir plus vite heureux me rendrait peut-être indiscret avant le moment où je dois parler. Retirez-vous, et croyez que votre vieil oncle vous ménage plus d'une surprise.

Gérald et son fils prirent congé du vice-roi, et le sage Ayrard resta encore quelques momens avec cet excellent prince.

En descendant l'escalier, Fidély ne fût pas maître d'un premier mouvement. Il sauta au col de Gérald, en s'écriant : Mon père ! où suis-je ! est-ce une illusion ! Ah, vous ne m'avez jamais trompé ! — Si je l'ai fait quelquefois, mon fils, ça toujours été pour ton bien. Vois-tu quand je te disais qu'Inèsia ?.....— Oh, je le sens à présent : Inèsia ne peut être la femme du neveu d'un duc, d'un vice-roi ! Jamais votre oncle....—Je le crains : le duc est fier avec cela ; il a de très-grandes vues sur toi, et l'on n'établit des personnes de notre rang !... — Il faut y renoncer, mon père ! Inèsia ! ah, pourquoi suis-je maintenant plus que toi ! Oui, mon Inèsia, toi seule me fais regretter la grandeur.—Une ame forte, mon Fidély, doit se montrer digne de l'état dans lequel elle est née. Mais retournons chez la marquise, à qui nous avons promis le reste de cette soirée.

La marquise les attendait avec impatience. Nous sortons, lui dit Gérald, de chez le prince vice-roi ; il vous demande, madame. — Moi, monsieur ? — Oui, marquise, il vous fait l'honneur de vous donner à dîner, demain, ainsi qu'à nous. — A moi, mon fils? Quel rapport puis-je avoir?.. — Il a, dit-il, répond Fidély, un grand secret à vous confier. — Quel secret ?

Gérald reprend : Le mien, madame ; celui de votre fils ; vous saurez tout cela demain. Le sage Ayrard ne vous a-t-il pas promis qu'on vous éclairerait, que vous recouvreriez bientôt le bonheur et le repos. Il est arrivé, le jour où la lumière doit dissiper les ténèbres qui vous environnent encore aujourd'hui pour la dernière fois. — Le duc de Milan serait-il donc ce prince dont on m'a parlé, qui s'intéresse à moi, à mon fils, à Inèsia ? — C'est son secret, madame, il vous le dira lui-même. Il exige que vous ameniez Micheline. — Quoi, cette fille? une domestique?

Micheline, qui est là, s'écrie : Je n'irai pas, moi ; qu'ai-je à faire avec un si grand seigneur ! — Vous y viendrez, Micheline ; quand je vous aurai dit deux mots à l'oreille, vous y viendrez.... mais ne parlons plus de cela, marquise; ne nous occupons que du plaisir de nous voir réunis.

La soirée se passa en conversations agréables ; on soupa ; puis, quand Fidély se fut retiré avec son père seul, dans leur chambre à coucher, il supplia Gérald de satisfaire sur-le-champ sa juste curiosité, en lui racontant ses aventures, ce que Gérald fit en ces termes.

CHAPITRE XI.

Histoire de Gérald.

« Le duc de Milan, notre oncle, que tu viens de voir, eut un frère et une sœur. Cette sœur, bien plus âgée que lui, mourut ainsi que son époux, après avoir donné le jour à un fils nommé le comte d'Urbain. Le frère de notre oncle, qu'on appelait le duc de San-Michieli, fut mon père, et tu vois bien que mon véritable nom est Géraldi Leoncio, comte de San-Michieli. J'eus le malheur de perdre également mon père et ma mère, de sorte que mon cousin Urbain et moi, tous deux orphelins, nous fûmes élevés par les soins du duc de Milan, notre oncle et notre seul père sur la terre. Mais mon cousin Urbain, plus âgé que moi de seize ans, répondit plus vite à l'attente de son tuteur. Ce cousin était né avec une ame noire, méchante, jalouse; et voyait avec un œil d'envie les caresses que notre oncle me prodiguait; il me détestait en un mot, et il joua à ma faible enfance des tours de malignité qui n'étaient que le prélude de ceux qu'il préparait à ma jeunesse. Il est certain que le duc autorisait, sans le vouloir, sa jalousie, par des préférences marquées dont il m'accablait. Il connaissait le méchant caractère d'Urbain, et me faisait la grâce de juger le mien beaucoup plus favorablement; il me chérissait plus qu'il n'aimait mon cousin, et telle fut la source de l'inimitié que ce dernier me voua à jamais. Comme il était le plus âgé de ses deux neveux, le

duc

duc de Milan, qui ne s'est jamais marié, lui destinait son poste et la moitié de sa succession ; pour l'autre moitié, elle devait me revenir de droit ; mais le duché de Milan appartenait aussi de droit à l'aîné des neveux. Ce n'était pas assez pour la cupidité du comte d'Urbain. Il fit si bien, qu'il persuada à mon oncle de me mettre dans l'état ecclésiastique ; je fus en conséquence tonsuré et destiné à devenir, par ma naissance, un des membres du Conclave. Cet état me déplut ; je lui préférais celui des armes. Urbain l'avait pris; mais aussi lâche que méchant, il fit tant de fautes, dans une expédition dont on lui donna le commandement, que le duc, indigné contre lui, lui prit son épée, ses grades, et me fit quitter la soutane pour me décorer de son uniforme qu'il avait déshonoré. Je ne

comptais alors que dix-neuf ans; nouveau motif de rage pour ce méchant parent. Sa fureur fut au comble quand
dès la première affaire que j'entrepris
je remportai une victoire complette.
Voyant qu'il ne pouvait plus me perdre par des calomnies, il forma l
projet de me faire assassiner. Le baron de Salavas, qui avait servi sou
lui, était un bien digne confident d
ses plus secrettes pensées. Le baron
passé sous mon commandement ave
son jeune et imprudent ami le marquis d'Arloy, se chargea de commet-
tre ce crime affreux. Il prit, comme
tu le sais, l'uniforme, l'épée du marquis, réveillé brusquement par lui
dans son lit, et tu vois que je suis le
héros malheureux de l'histoire que
tu me racontas un jour, sans savoir
qu'elle me concernait.

» Blessé légèrement au dos par ce

lâche Salavas, on m'amena le marquis d'Arloy, que je savais être innocent; car j'avais, en me retournant brusquement, reconnu l'assassin. Je devinai soudain aussi la main qui le faisait agir, et, plus généreux qu'Urbain, je ne voulus pas donner le scandale d'un procès de famille qui l'aurait compromis. Je me contentai d'exiler son vil agent, et de rendre l'innocence au marquis d'Arloy, bon militaire, dont j'estimais la personne et les talens. Je ne parlai pas même à mon oncle de cet attentat de son neveu; ou il ne l'eût pas cru, ou il eût voulu le faire punir; je ne lui en dis rien ; mais je le reprochai fermement à mon méchant cousin qui me rit au nez avec ironie, en me disant que j'étais un enfant et un visionnaire. Il eut même l'impudence de rappeler, malgré moi, Salavas de son exil et d'en faire son meilleur ami.

» Cet événement m'engagea à me tenir sur mes gardes pour éviter de nouvelles tentatives de ce genre. Ayant été légèrement blessé encore, mais dans une action, mon oncle exigea que j'allasse me reposer dans un de ses châteaux, à la campagne, aux portes de Milan. J'y fus; et, ne m'occupant là que de la chasse, de la lecture ou de la promenade, je repris bientôt des forces. Il y avait, à deux pas de mon château, une charmante maison qu'habitait une femme d'un certain âge, avec sa nièce, jeune et jolie personne de dix-sept ans. Je l'aimai dès que je la vis, et tu te doutes bien que c'est cette infortunée Paola, à qui tu dois le jour. Paola ne me vit pas non plus avec indifférence ; mais un obstacle nous alarmait tous les deux : elle était la nièce de ce même comte d'Urbain, mon méchant parent ! Urbain avait fait, à vingt-cinq ans et presque malgré son oncle, un mariage d'inclination ; sa femme était noble ; mais son nom n'était pas assez illustre pour la nièce d'un duc, et sa fortune était des plus médiocres. La comtesse d'Urbain avait un frère et une sœur. Le frère, poussé dans le service par le comte, mourut à l'armée, laissant une jolie petite fille, sans biens et privée de père et de mère. La sœur de la comtesse d'Urbain s'en chargea alors, et la comtesse d'Urbain venant à décéder à son tour, cette sœur tint lieu de mère à Paola. Le comte d'Urbain prétexta, aux yeux du monde, qu'il ne pouvait pas s'en charger, attendu que sa femme lui avait laissé un fils qui réclamait tous ses soins. Ce fils, mon Fidély, fut ce même Léonardo, bien digne de son père, et dont cette journée vient de voir terminer la coupable existence. Mais suivons mon histoire ; tu l'y verras bientôt entrer en scène. Le comte d'Urbain voyait peu cette nièce et cette sœur de sa femme ; mais on pensait bien que, lorsqu'il serait question de la marier, il s'en mêlerait et ne la donnerait certainement pas à son plus mortel ennemi.

» Madame d'Aricci passait, avec sa nièce, l'hiver et l'été, dans cette maison de campagne qui lui appartenait. J'y vis Paola, et l'amour, combattant en vain avec la raison, l'emporta dans mon cœur. Madame d'Aricci n'avait aucune idée de l'inimitié qui régnait entre son beau-frère et moi ; elle crut au contraire que rien ne pourrait m'empêcher d'épouser sa nièce, et, flattée de cet honneur, elle encouragea notre amour, au point que Paola et moi, nous nous en faisions sans cesse, devant elle, mille protestations. Elle me demanda néanmoins sérieusement, un jour, si mon intention était d'épouser sa nièce. Sur l'assurance que je lui donnai que ce bonheur était mon unique désir, elle s'écria : Je vous la donne, monsieur le comte. Ah! j'aurai donc enfin à la cour un protecteur, un neveu puissant, meilleur que cet égoïste d'Urbain, mon beau-frère, qui a toujours paru mépriser la famille de sa femme, qui ne nous a jamais fait le moindre bien, et qui ne nous appartient que pour nous dominer!

» Cette exclamation me fit voir que la bonne dame n'aimait pas mon cousin, et qu'elle le jugeait avare et méchant, tel qu'il l'était en effet. Cela encouragea mon amour, en me faisant espérer que si j'éprouvais des refus de la part de l'oncle, la tante pourrait bien consentir à un mariage secret. Il fallait à tout prix que j'eusse Paola. Paola était ma divinité, ma vie, tout pour moi, et cette charmante personne, douce, naïve et franche, augmentait sans cesse ma passion, en y répondant avec tout le feu du sentiment.

» Il était difficile que mes liaisons avec la tante et la nièce ne fussent pas bientôt découvertes. Le comte d'Urbain en eut connaissance et devint furieux. Il vola chez sa belle-sœur ; lui fit une scène ainsi qu'à Paola, et leur défendit de recevoir dorénavant mes visites, ajoutant que jamais il ne donnerait la main de sa nièce à l'homme qu'il détestait le plus au monde. Madame d'Aricci, qui ne l'aimait pas trop, lui tint tête ; elle prétendit que mon union ne pouvait que faire le plus grand honneur à sa famille. Elle lui reprocha ses torts envers cette famille de sa femme, qui trouverait alors un appui plus sûr que le sien. Elle termina sa harangue en l'assurant que, si le duc de Milan consentait au mariage de son neveu Géraldi avec Paola, elle, madame d'Aricci, braverait l'autorité d'un méchant beau-frère, en usant de la sienne pour me donner sa nièce.

» Le comte d'Urbain n'avait pas l'habitude d'être contrarié. La sortie vigoureuse et la menace de cette bonne femme l'enflammèrent de colère, au point qu'il donna un soufflet à la nièce, et culbuta la tante sur une chaise longue, au risque de la blesser. Ce brutal se retira ensuite, en menaçant à son tour ces deux faibles créatures d'une prison perpétuelle, si elles n'obéissaient pas à ses ordres.

» Quelle fut ma douleur quand, arrivant chez ces dames une heure après cette scène, elles m'apprirent, en fondant en larmes, ces détails affligeans ! Je m'efforçai de les consoler, et l'amour me rendant entreprenant, je suppliai madame d'Aricci de consentir à un mariage secret. Mon oncle est bon, ajoutai-je ; il m'aime ; il me donne même une préférence marquée sur mon méchant cousin ; mais, si je lui demande sa permission sans avoir obtenu celle du comte d'Urbain, mon oncle ne me l'accordera pas. Il n'a pas le droit en effet de forcer les volontés d'un chef de famille ; au lieu qu'une fois mariés, Paola et moi, quelques jours après mon hymen secret, je lui avoue ce mariage, je le supplie d'appaiser la colère du comte... Le mal est fait alors, il est irréparable, et, quelle que soit la rage d'Urbain, il faut qu'il cède. Vous d'ailleurs, madame d'Aricci, n'avez-vous pas, plus que lui, le droit de disposer de votre nièce ? Elle ne lui appartient que du côté de sa femme ; au lieu que vous, vous êtes sa tante ; elle est votre sang, la fille de votre propre frère. Vos droits sont clairs, forts, puissans aux yeux des lois, et vous êtes de plus la mère de Paola, puisque, depuis la mort de la sienne, vous lui en tenez lieu ; vous l'avez élevée, en un mot, vous me l'avez dit, je crois, sans que son tyran d'oncle, malgré ses richesses immenses, vous ait jamais rien offert pour fournir à sa pension. —

Oh, mon Dieu, non, répond madame d'Aricci; j'ai élevé ma nièce, seule, sur mes pauvres dix mille livres de rente, qui me sont restées des miens.
— Vous voyez donc bien que vous êtes, plus que qui que ce soit au monde, la maîtresse d'en disposer.

» La dame était furieuse contre son beau-frère, et néanmoins l'idée d'un mariage secret l'effrayait.... Nous tombâmes, Paola et moi, à ses genoux; nous devînmes si touchans, si supplians, qu'elle nous promit de consulter son confesseur sur cette matière, avant de rien promettre. La dame était dévote; je cédai à cette manie; mais j'eus le soin de voir le confesseur en secret et avant elle. C'était un pauvre vicaire de village, dont la conscience n'était pas très-timorée. Cent sequins que je lui donnai le mirent dans mon parti, au point que, non seulement il conseilla à la vieille dame de former ces nœuds, mais qu'il se proposa pour célébrer chez elle la cérémonie nuptiale.

» Tout étant ainsi arrangé entre nous, deux jours après, je devins l'heureux époux de la belle Paola. Heureux époux ! ce moment seul fut marqué au coin de la plus douce félicité ; il fut ensuite la cause de tous nos maux.

» En attendant le moment favorable d'avouer ce mariage à mon oncle, qui, appelé alors à la cour de Louis XIV, était absent pour deux mois, nous ne voulûmes point irriter le comte d'Urbain, dont les éclats nous auraient perdus, en m'aliénant le cœur de mon bon oncle. En conséquence, je ne voyais ma femme que le soir ; je passais la nuit chez sa tante et je me retirais au point du jour. Un domestique affidé était seul dans notre confidence, et je parvins à gagner le cœur de ma tante d'Aricci, au point qu'elle me dit cent fois, en riant, que, si je n'étais pas le mari de sa nièce, elle aurait fait la folie de m'épouser. Il est certain que cette bonne dame nous chérissait, comme si elle eût un fils et une fille.

» Cependant il y avait déjà plus de trois mois que nous étions mariés ; mon oncle était revenu, et ma femme te portait déjà dans son sein, mon cher Fidély... Madame d'Aricci et Paola elle-même me pressaient pour que je fisse ce pénible aveu au duc de Milan. Il le fallait d'ailleurs ; car, ma santé étant fermement rétablie, mon oncle m'avait rappelé à sa cour. Je ne pouvais plus, sans lui avouer mon mariage, ni aller à la campagne, ni revoir ma Paola. Mon oncle, avec cela, voulait que je l'accompagnasse à Modène, où il devait, disait-il sans s'expliquer davantage, me donner une grande preuve de son attachement pour moi. Tout me forçait à parler ; je m'y décidai.

» Un matin que le duc de Milan était seul avec moi dans son cabinet... jour funeste ! pourrai-je détailler à mon sensible Fidély les malheurs dont tu fus témoin !... Un matin donc, mon oncle me dit : Géraldi, tu vas avoir vingt-un ans dans cinq mois, tu es plein de vigueur, de santé, de raison ; j'ai des projets sur toi...Qu'il te suffise de savoir que nous partirons demain matin, nous deux, pour le duché de Modène, où... où je veux te marier. — Me marier, mon oncle !... Est-ce le plus grand vœu que vous puissiez former pour mon bonheur ? — Je te l'avoue, oui, je voudrais te voir marié... Je suis, depuis quelques mois, attaqué d'une maladie que je n'avais jamais connue, la goutte ! elle peut m'emporter ; ou du moins on a toujours cette peur là, dans les commencemens de cette cruelle indisposition. Toi, comme le fils de mon frère, tu as plus de droit à mon poste que ton cousin, que j'aime sans doute ; mais un certain penchant m'attache peut-être plus à toi qu'à lui ; je serais bien aise de te voir époux et père, cela me rassurerait pour l'avenir !

» Le duc disait ces mots avec un air de bonté, de gaîté même, qui m'enhardirent ; je pensai que le moment était favorable, et soudain je lui répondis, à demi-voix et en souriant : Eh bien, mon bon oncle, puisque vous daignez former ce souhait, apprenez

apprenez qu'il est accompli. — Que dis-tu? — Je suis époux et père... — — Toi? — Moi, mon cher oncle. — Cela n'est pas possible. Où, quand te serais-tu donc marié, puisque je n'en ai rien su? — Voilà ma seule faute, mon cher oncle, et je vous en demande, à genoux, bien sincèrement pardon. — Explique-toi? — Je me suis marié... secrettement. — Secrettement! — Mais mon choix est digne de vous et de moi, mon oncle; c'est la belle Paola d'Aricci, la nièce de votre neveu le comte d'Urbain. — Qu'entends-je! le comte d'Urbain vous a donné sa nièce, à mon insu, sans mon aveu? — Au contraire, mon oncle, le comte d'Urbain ignore, ainsi que vous, que je suis l'époux de sa nièce Paola. — J'entends; vous avez cru devoir vous passer du consentement de son oncle, du mien ? Qui a donc favorisé cet hymen illicite ? — La belle-sœur de d'Urbain, la tante elle-même de Paola. Un prêtre... chez elle... il y a trois mois et demi... Mon oncle, calmez la sévérité de vos regards !.... apprenez que si c'est un mal, il est sans remède ; car ma femme porte dans son sein !... — Misérable !

» Le duc se lève furieux, et continue : Ainsi, vous bravez toutes les convenances, les lois divines et sociales ! ainsi vous me rendez parjure à ma parole d'honneur ! Deux pères de famille s'entendent pour établir leurs enfans ; le duc de Modène veut bien vous donner la main de sa fille ; je lui promets la vôtre pour cette fille adorée ! Aujourd'hui, vous m'apprenez qu'agissant comme les fils dénaturés de la classe du peuple, vous avez oublié votre rang, l'avenir qui vous attend, mes droits sur vous enfin, pour disposer de votre sort !... Monstre d'ingratitude, je te les montrerai ces droits sacrés ; je ferai casser ton mariage clandestin, et tu épouseras mademoiselle de Modène. — Ah ! mon oncle, quelle rigueur !...

» Je veux embrasser ses genoux; la porte s'ouvre, et je vois entrer mon plus mortel ennemi, le comte d'Urbain lui-même !

» Approchez, mon neveu, lui dit le duc de Milan; venez apprendre de ma bouche ce qui se passe dans votre famille, et que vous ignorez sans doute ? Vous voyez, dans votre cousin Géraldi, l'époux de votre nièce Paola ; le savez-vous ? — L'époux de ma nièce, s'écrie le comte ! — Il vient de me l'avouer ; votre belle-sœur les a mariés secrettement, et Paola est enceinte !—Ciel ! et mon oncle approuverait cette indignité! —Je lui faisais, à votre arrivée, les plus sanglans reproches. — Des reproches! ce sont des châtimens qu'il faut à un lâche tel que lui.

« Sur cette exclamation, la rage s'empare de mes sens; je me lève et m'écrie : Toi seul est lâche ici, en aigrissant un oncle contre un neveu dont l'alliance ne peut que t'enorgueillir. On a vu, aux armées, quel était le plus lâche de nous deux. — Ton impudence mérite cette punition!

« Il lève un sabre dont il était alors armé, et m'en assène un coup violent sur le poignet de la main droite. Mon sang coule soudain.... A cette vue, je ne deviens plus maître de ma colère ; je tire mon épée de la main gauche, tout en lui criant : Défends-toi, misérable!... je lui porte des coups qu'il pare en vain ; je plonge enfin l'arme fatale dans son sein, et il tombe privé de sentiment !

» Tout cela fut si prompt, que le duc de Milan n'eut pas le temps de séparer deux combattans acharnés l'un contre l'autre, et dont l'un tomba à ses pieds. Quoi, s'écrie le duc, teint du sang de son neveu qui réjaillit sur lui ! sous mes yeux ! dans mon propre appartement ! un assassinat !... rendez-vous en prison, traître de Géraldi ! n'attendez pas que je donne au monde le scandale de vous faire arracher d'ici par mes soldats !... — Mon oncle !... — Ta tête tombera près de celle de ton malheureux cousin !

» Je sentis qu'une pareille conduite était inpardonnable, et je me sauvai, moins dans la crainte d'expier mon crime que dans celle de ne plus voir Paola.

» Déjà les gardes, les courtisans, attirés par les cris du duc, qui restait seul auprès d'un cadavre, remplissaient ses appartemens où le sang ruisselait. Je traversai cette foule étonnée, et redoutant que mon oncle ne donnât soudain, avec raison, l'ordre de m'arrêter, je courus à cheval jusqu'à la maison de campagne de madame d'Aricci, où j'entrai dans un trouble qui l'inquiéta, ainsi que Paola. Qu'avez-vous, me demandent-elles toutes deux ensemble? — Paola ! j'ai... monte en croupe, vite, avec moi, derrière moi et partons. — Qu'est-il arrivé? — Tu le sauras... Madame d'Aricci, vous l'apprendrez trop tôt, ce qui s'est passé. Laissez-moi, donnez-moi ma femme; elle est à moi, nous n'avons pas un moment à perdre.

» Je vois entrer à l'instant un basofficier d'une des compagnies que j'avais sous mes ordres. Je tremble et lui dis : M'apporte-tu l'ordre de m'arrêter ?—Au contraire, mon général! je vous ai suivi de loin dans l'intention de vous consacrer ma vie, mes jours, de ne jamais vous quitter. Recevez mon épée, ma foi, mon cœur, et permettez-moi de vous servir en tout.

» Il s'était jeté à mes genoux et m'offrait en effet son épée. Je lui répondis en la lui rendant : Vernex (car, mon Fidély, c'était ce même Vernex que tu sais être aujourd'hui mon plus fidèle ami), Vernex ! j'accepte vos services ; mais ils me seront plus utiles au palais du duc. Retournez-y, et rendez-moi un compte fidèle de tout ce qui s'y sera passé. Je me réfugie en France, et vais prendre tous les chemins qui peuvent conduire à Tarbes, ou Barrège, je ne sais où, dans la province de Gascogne toujours ! Partez, mon cher Vernex, retournez sur-le-champ.

» Madame d'Aricci, étourdie de ce qu'elle entend, veut lui demander ce que tout cela signifie ; Vernex disparaît. Je me contente de dire à Paola : m'aimes-tu ? — Si je t'aime ! mais pourquoi cette question ? d'où naît ton trouble extrême ? — Es-tu capable de me suivre par-tout ? — Par-tout ? tu cours donc des dangers ?... — Les plus grands. Adieu, madame d'Aricci ; une lettre de moi vous apprendra mon sort. Monte, Paola, une seule minute de retard peut nous perdre !

» Paola est bientôt en croupe derrière moi, sur mon cheval. Je brave sa douleur, celle de sa tante ; je pique mon coursier, et je pars,
n'emportant

n'emportant avec moi que l'objet de mon amour qui m'est plus cher que la vie !

» J'avais raison d'y mettre cette précipitation ; car, à peine fus-je parti, qu'un gros de soldats, à ce que j'ai su par la suite, arriva à la maison d'Aricci, où l'on soupçonnait bien que je m'étais rendu, avec l'ordre de m'arrêter. La tante de Paola fut alors instruite du crime que j'avais commis, et se repentit bien amèrement d'avoir consenti à un mariage dont les suites étaient si funestes.

» Quand je dis que j'ai commis un crime, réponds, mon Fidély, cela est-il bien prouvé ? Rappelle-toi que, dans les demi-confidences que je t'ai souvent faites, je t'ai toujours dit que l'honneur avait constamment dirigé ma conduite ; même à cette époque qui fut la cause de tous mes malheurs. Un ennemi furieux me provoque ; il a l'audace de me frapper, de me blesser. Je lui en demande sur-le-champ raison ; il est armé ; il peut se défendre ; il le fait, mais en lâche, en homme faible, pusillanime, qui redoute l'issue d'un duel qu'il a excité. Est-ce ma faute si, plus ferme, ou plus heureux que lui, je le jette à mes pieds ! Le véritable, le seul tort que j'eus, ce fut de me livrer à cet acte de violence, sous les yeux et dans l'appartement même d'un oncle de cinquante-six ans, homme titré, respectable, et qui fut mon bienfaiteur. Cet oncle venait de me menacer de faire casser mon mariage, ce qui était pire pour moi que de m'arracher la vie ! Ce misérable d'Urbain excitait encore cet oncle contre moi ; je n'ai pas été maître de mon premier mouvement. Tout en m'en blâmant moi-même, en me gardant bien de le conseiller aux autres, je le ferais encore, si un pareil moment se présentait. Militaire, et j'ose dire aussi fier que courageux, je ne pouvais pas laisser impuni un coup de sabre, dont ma main est encore marquée, non plus que les injures grossières qui l'accompagnaient. Encore une digression avant de reprendre mon récit. Lorsque tu vins me trouver, pour la première fois, à la fontaine Sainte-Catherine, et que je te racontai en gros cette aventure, dans la grotte du rocher, quoique je te célasse les véritables noms des personnages, je te dis la vérité, à l'exception que, dans mon trouble, bien naturel en ce moment, je te dis, je crois, que je n'épousai secrettement Paola qu'après la mort de son oncle ; je me suis trompé ; j'étais l'époux de Paola trois mois et demi avant cette scène ; elle portait un gage de notre union. Ces titres sacrés d'époux et de père peuvent contribuer à me faire pardonner cet acte de violence de ma part qui priva le comte d'Urbain de la vie. Poursuivons, et avant d'en revenir à moi, voyons ce qui se passa au palais Ducal, après ce fatal accident.

» Une foule immense s'était portée dans l'appartement du duc de Milan, qui, jettant des cris lugubres, pressait sur son sein son neveu tué devant ses yeux. A force de prodiguer des secours au comte d'Urbain, il revit la lumière et put prononcer quelques paroles.— Mon fils, dit-il ? et le baron de Salavas ? qu'ils viennent ?

» On courut chercher Léonardo et le baron de Salavas, son gouverneur, ami intime de d'Urbain. Tous deux parurent et se jettèrent sur le corps du mourant en versant des larmes. Le comte fit signe qu'il voulait parler : on lui prêta soudain la plus grande attention : Jeune Léonardo, dit-il, ô mon cher fils ! tu n'as que dix ans, et déjà tu te vois privé d'un père qui te chérissait ? Je meurs de la main de Géraldi ; jure que tu vengeras ton père ; que tu poursuivras ce monstre jusqu'au trépas. Baron de Salavas, recevez son serment ; soyez son conseil, son ami ; exécutez ses moindres volontés, et que mon ennemi, qui est le sien, soit également à jamais le vôtre !

» L'enfant s'écria : Oui, vengeance !

» Et le baron, répondant pour Léonardo et pour lui, ajouta : Nous le jurons !

» Le comte d'Urbain, se retournant ensuite vers le duc de Milan, lui dit d'une voix prête à s'éteindre : Mon oncle.... si vous m'avez jamais aimé... vengez-moi... promettez-moi de me venger aussi ?... vous en avez le pouvoir...

» Le duc de Milan répondit : Jamais, jamais de pardon pour le coupable ! je te promets.... Il n'eut pas le temps d'achever ; le comte expira, en lançant à son oncle un dernier regard, où se peignaient la férocité, la rage, et la soif de la vengeance.

» Le comte d'Urbain n'était aimé de personne ; mais sa situation, son malheur étaient faits pour attendrir ; et la vue de son jeune fils, versant des larmes sur son cadavre, était vraiment touchante. Quelques personnes élevèrent contre moi des cris d'indignation ; c'en fut assez pour que tout le monde en fît autant. On prétendit que j'étais un scélérat, un assassin, et que j'avais mérité la mort. On excita contre moi la colère de mon oncle, qui, sans cet événement, m'en aurait assez voulu déjà de m'être marié sans son aveu, de l'avoir forcé de rendre au duc de Modène la parole qu'il lui avait donnée de m'unir à sa fille, circonstance cependant qui ne pouvait pas me faire accuser de désobéissance, puisque je l'ignorais, mon oncle ayant négocié ce mariage à mon insu, croyant me causer une surprise des plus agréables.

» Le duc signa donc sur-le-champ l'ordre de m'arrêter, et de me plonger dans la prison d'état, où mon procès devait être fait dans les vingt-quatre heures. Mais, comme on ne me trouva pas à la maison d'Aricci, on revint au palais, où le duc, plus furieux de ce que je lui échappais, me dépouilla à l'instant de mes biens, de tous mes revenus, de mes titres, me maudit, m'exhéréda, et envoya, de tous les côtés, des émissaires pour me chercher. Tu vois, mon fils, qu'il n'oublia rien de ce qui pouvait consommer ma perte. Déshérité par lui, chargé de sa malédiction, privé des effets les plus indispensables, je restai sans nom, sans état, sans fortune, réduit, pour sauver mes jours, ceux de Paola peut-être aussi, à jouer le rôle d'un aventurier, à mendier tous deux notre pain, que sait-on ! Tel était le sort d'un général, neveu d'un duc, et de la nièce d'un comte d'Urbain.

» Tous ces détails, je les appris de Vernex, qui, suivant nos traces avec autant de secret que de prudence, nous instruisit, par lettres, ou de vive voix, de tout ce qui nous concernait.

Ce pauvre Vernex ne pouvait nous aider, ni de sa bourse, ni de son crédit, en sorte que, forcés, Paola et moi, de voyager à la hâte, d'acheter la discrétion de ceux qui pouvaient nous nuire, n'ayant emporté, lors de notre fuite précipitée, que ce que nous avions sur nous, peu d'or et quelques bijoux, nous arrivâmes sur les frontières de France, dénués d'argent et presque sans ressource. Une seule, très-importante, me restait ; mais je serais mort mille fois avant d'y recourir. C'était le portrait de ma Paola, enrichi de diamans qui avaient une assez forte valeur. Comme ce portrait chéri ne me quittait jamais, il était naturel que je l'eusse sur moi, le matin où j'entrai chez mon oncle pour lui avouer mon hymen secret. Mais, afin que Paola ne me forçât point à le vendre, je ne lui dis pas que je possédais ce bijou précieux.

» Arrivés en France, et craignant de n'être pas trop en sûreté encore dans ce royaume, ami de l'Italie, nous prîmes des noms supposés, ma femme et moi. J'étais venu dans les environs de Barrége, plutôt que dans toute autre contrée de la France, pour une raison que je vais te dire. C'est une courte anecdote qui suspendra bien peu le cours de mon récit.

» Du temps de ma grandeur, lorsque j'étais général de l'armée milanaise, on m'amena, au milieu d'une nuit, un vieillard italien, accusé d'espionnage, et sur lequel on avait trouvé en effet des missives très-importantes. Ce vieillard s'avouait coupable; il n'était plus question que de le fusiller. Je voulus que cette exécution se fît au jour, afin de donner un grand exemple à toute l'armée. Je confiai en conséquence le coupable à la garde de deux soldats. A sept heures du matin, lorsqu'on me l'amena pour subir son arrêt, je remarquai qu'il paraissait plus mince, que sa démarche était moins lourde, et que sa tête était couverte d'un voile. Je ne puis dire quels soupçons s'élevèrent dans mon ame ; mais j'exigeai qu'on découvrît sa figure, et je restai bien étonné quand je vis un très-jeune homme, qui se jeta soudain à mes pieds, en me demandant grâce ! grâce pour son père ! — Son père ! fut le cri général.

» Ce jeune homme, nommé Michaud, me dit qu'il avait trouvé le moyen de séduire les deux soldats qui gardaient son père; qu'ayant pris ses habits, il l'avait fait évader, et qu'enfin il se présentait à la mort à la place de l'auteur de ses jours... Pénétré de ce trait, rare et touchant, de piété filiale, je fis soudain grâce au père, au fils, et ayant fait quelques légers dons à ce dernier, qui était un simple paysan, je les renvoyai tous les deux. Ce jeune Michaud passa alors en France, et profitant de mes faibles bienfaits, il se fit fermier à deux lieues de Barrége.

» Dans ma disgrâce, je pensai que cet homme pourrait m'offrir un asile, obscur sans doute, mais plus convenable à ma situation que les châteaux ou les palais, qui n'étaient plus faits pour moi.

» Nous nous rendîmes donc chez lui, Paola et moi. Sa surprise fut extrême en retrouvant dans une telle position le grand seigneur, le général, qui avait sauvé la vie à son père et à lui. Ce vieux père existait encore. Tous deux m'accablèrent de bénédictions, et me prouvèrent leur reconnaissance en m'accueillant, en nous faisant passer, ma femme et moi, pour deux pauvres paysans comme eux ; nouvel exemple que le plus fort peut un jour avoir besoin du plus faible !

» Nous passâmes quatre mois chez ces braves gens, recevant toujours des nouvelles d'Italie, qui nous confirmaient la colère de notre oncle et les dangers que nous courions de plus en plus. Vernex nous manda, entre autres choses, que le baron de Salavas, agissant pour son pupille, le jeune Léonardo, avait donné l'ordre à son intendant Le Roc, qui régissait un château à lui, près de Bagnère, à deux pas de nous, de nous arrêter, ou l'un de nous, Paola ou moi, s'il ne pouvait pas nous rencontrer ensemble. Des rapports venus de France avaient appris à ce baron de Salavas qu'on y avait vu Paola du côté des Pyrénées. Une perfide femme de chambre, attachée autrefois à madame d'Aricci, avait reconnu sa jeune maîtresse Paola, et en avait averti le baron.

» Vernex bornait là son avertissement. Nous ne connaissions ni le château de Salavas, ni ce Le Roc dont il était question dans la lettre. Nous nous mîmes néanmoins sur nos gardes; mais nous ne fûmes pas assez heureux pour échapper à l'astuce de ce méchant Le Roc.

» Un soir que Paola était un peu indisposée, la lune éclairant le sommet des montagnes, je voulus sortir un moment pour jouir de ce spectacle. Il faisait un temps superbe, et je m'enfonçai si bien dans mes réflexions, que je montai, sans y penser, une des rampes qui mènent aux tours de Marboré. J'y serais resté toute la nuit, je crois, si la grosse horloge de Saint-Sauveur ne m'eût retiré de ma méditation, en sonnant onze heures. Je frémis en pensant combien je m'étais attardé, et je repris promptement le chemin de la ferme de Michaud. Pendant mon absence, il s'y était passé un grand événement.

» A peine en fus-je sorti, qu'un homme entra et demanda Paola sous son nom supposé. On la lui montra: Madame, lui dit-il, avec émotion, je suis lié avec un nommé Le Roc, agent ici du baron de Salavas, votre ennemi mortel. Ce Le Roc a découvert votre asile ; il doit venir ici, cette nuit même, avec main-forte, pour vous arrêter, vous et Géraldi, votre mari. J'ai découvert son complot, et l'intérêt qu'inspirent vos malheurs me fait vous en prévenir et vous sauver. Déjà votre époux que j'ai rencontré, est en lieu de sûreté, il vous attend dans l'asile où je l'ai soustrait à tous les regards ; vous n'avez pas un moment à perdre ; venez ?

» Paola était née confiante. L'avis de cet homme, qui était bien couvert et paraissait franc, cet avis se rapportant avec celui donné par Vernex, sur Le Roc et le château de Salayas, Paola ne forma pas le moindre soupçon. Ses hôtes, qui étaient des gens simples et bornés, lui conseillant d'ailleurs de suivre cet étranger généreux, Paola se laissa conduire, et se mit ainsi à la disposition de son ennemi ; car cet obligeant donneur

donneur d'avis n'était autre que Le Roc lui-même, qui, à force de recherches, avait découvert notre asile. Tu vas me demander pourquoi il ne m'arrêtait pas aussi, moi, puisqu'il en avait reçu l'ordre de son maître ? D'abord je te répondrai que cet ordre, donné purement par écrit dans une simple lettre de Salavas, n'était pas revêtu des formalités nécessaires pour la justice de France. En second lieu, Salavas, qui aimait beaucoup l'argent, avait fait un petit calcul. Comme il se souciait moins de venger son ami, que de faire sa fortune, il était convenu avec son Le Roc qu'on s'emparerait d'abord de Paola, persuadé que j'offrirais une forte rançon pour sa délivrance ; qu'on me la rendrait alors, et qu'on nous arrêterait ensuite plusieurs fois, l'un après l'autre, pour tirer toujours de nous des sommes considérables. Apparemment qu'il me supposait un trésor ou des amis bien riches ; car telle a été, continuellement, sa tactique envers moi, de m'engager à capituler avec lui pour de l'argent. Salavas a toujours tergiversé dans cette affaire, et n'a jamais été qu'un intrigant subalterne des plus maladroits.

» Paola le suivit donc avec d'autant plus de confiance, qu'il ne l'entretint en route que de moi et du plaisir qu'il allait avoir en nous réunissant. La pauvre Paola ne fut désabusée que lorsqu'elle entra dans la cour d'un vieux château, et qu'elle vit fermer sur elle des portes de fer. Elle sentit alors le tort qu'elle avait eu, et Le Roc s'en fit reconnaître en la plongeant dans un cachot.

» Que devins-je, à mon retour à la ferme, quand j'appris qu'un traître me l'avait enlevée! Ce ne pouvait être que Le Roc! Je m'en doutai et voulus partir sur-le-champ pour le château de Salavas, que mes hôtes, établis depuis peu dans la contrée, ne connaissaient pas plus que moi. Michaud et son père me représentaient en vain que j'allais livrer ma liberté, ma vie peut-être; je partis au point du jour, et m'informai de tous les côtés où était situé cet odieux château; j'y arrivai et demandai M. Le Roc, de la part de Gérald (j'avais supprimé l'*i* de mon nom pour me donner un air Français).

» Le Roc, enchanté de ce que je me présentais moi-même, me fit dire d'entrer. Je m'en gardai bien; je le fis engager seulement à venir me trouver, seul, sur la grande route, au bout de l'avenue. Je ne craignais rien là, où il passait toujours des voyageurs, et si j'eusse vu venir Le Roc avec du monde, je me serais sauvé à toutes jambes. Il vint seul, en effet, comme je le désirais, et, s'excusant sur les ordres de son maître, il me fit entendre que, par intérêt pour moi, avec de l'argent, je ferais de lui tout ce que je voudrais. Le misérable mettait la liberté de Paola à un trop haut prix ; je le quittai désespéré. Croyant qu'il n'agissait que d'après des ordres bien en règle, je n'osai me présenter aux magistrats, implorer l'appui des lois. J'étais proscrit moi-même et ne pouvais que me cacher.

» Je n'eus pas long-temps ce bonheur. Le père de Michaud mourut quelques jours après, et Michaud vendit sa ferme pour aller s'établir dans une autre province, aux environs de Tarbes. Tu l'as vu, Fidély, ce bon Michaud. C'est ce même bûcheron qui nous donna l'hospitalité dans un bois, près de Lourde, le jour même où, fuyant la maison de Vernex que Salavas allait faire entourer de gardes, je quittai à tes yeux le rôle d'aveugle ; nous partîmes, tu t'en souviens ? nous rencontrâmes, pour la première fois, le chanoine Sably, et nous allâmes coucher chez Michaud, qui, marié depuis notre séparation, était devenu père de jeunes enfans, dont nous reçûmes les tendres caresses.

» Michaud ayant quitté la contrée, je restai sans asile, gémissant toujours sur la captivité de Paola, que Le Roc mettait au prix de cent mille francs. Je le voyais de temps en temps, et, comme je le flattais de trouver cette somme, quoique je n'en eusse aucun espoir, il se gardait bien de m'arrêter, de peur de m'empêcher de satisfaire sa cupidité. Enfin, un jour, il m'annonça que, tout ce qu'il pouvait faire pour moi, c'était de me céder l'enfant dont Paola allait accoucher, moyennant la somme de six mille francs. Les diamans de mon portrait valaient cela. Je me réjouis de penser que, ne pouvant sauver la mère, j'allais au moins posséder l'enfant, et, gardant les traits chéris de ma Paola, je me défis adroitement des diamans, qui me rapportèrent quelque chose de plus que les deux mille écus exigés. Il était temps, hélas! Le Roc me prévint le même jour que Paola allait devenir mère, et que sa femme (il était marié alors) lui prodiguait tous les soins nécessaires en pareil cas. Je restai aux portes du château toute la soirée, une partie de la nuit, souffrant, pleurant, gémissant, accusant le sort qui m'avait fait tomber dans un tel état de terreur et d'avilissement... Enfin, à une heure du matin, je vis s'avancer quelqu'un.... C'était Le Roc qui te portait dans ses bras, mon fils, et qui te remit dans les miens, moyennant l'argent convenu. Je sanglottais ! j'appelais Paola ! je la demandais à toute la nature !...Votre état me touche, me dit Le Roc. Si vous m'apportez la moitié de la somme que je vous demandais d'abord, je vous remettrai votre femme, à quelque heure que ce fût.

» La moitié ! cinquante mille francs ! c'était beaucoup ; je promis cependant, dans l'espérance vague que le ciel me procurerait cette précieuse somme, et je partis, emportant mon enfant qui jetait des cris, qui me paraissait enfin faible et souf-

frant.... Tu sais que je me reposai à la fontaine Sainte-Catherine, que j'y imprimai sur ton front le sceau du chrétien? Tu te rappelles la rencontre que j'y fis de Micheline et de l'accoucheur de la marquise d'Arloy?... Je ne souillerai plus mes lèvres des détails du trafic honteux que je fis de mon fils contre de l'or... Ces détails odieux puissent-ils s'effacer de ta mémoire! qu'il te suffise de savoir qu'oubliant, outrageant la nature pour l'amour, je portai vite au cupide Le Roc les cinquante mille francs qu'il exigeait.... Deux femmes parurent alors; l'une appartenait à Le Roc; l'autre, que conduisait cette dernière, était Paola, qui se jetta dans mes bras en versant un torrent de larmes. Je la serrai sur mon cœur et nous partîmes à la faible lueur du crépuscule. Elle était d'une faiblesse
extrême

extrême; je la soutins et l'engageai à marcher jusqu'à Bagnère, où j'avais le projet de la mettre dans un asile qu'elle n'aurait quitté que lorsque les suites de sa couche l'auraient permis. Nous ne nous entretinmes, dans les premiers momens, que de nos malheurs et du sort fatal qui nous poursuivait. Le bonheur de nous trouver enfin réunis commençait à adoucir l'amertume de notre situation, lorsqu'en approchant de la fontaine Sainte-Catherine, Paola qui, jusqu'alors, n'avait pensé qu'à moi, se ressouvint tout à coup qu'elle était mère, et me dit avec l'accent de l'effroi : Mais, mon Dieu ! Géraldi ! je ne vois point mon fils ! t'ont-ils remis mon fils, mon ami ? Ils me l'avaient promis, ces méchans ! — Je... je l'ai reçu de leurs mains, Paola. — Où est-il ? qu'est-il devenu ? mon fils,

Géraldi ? il me faut mon fils ?

» Ce cri si naturel de la nature me fit sentir l'énormité de ma faute et toute l'horreur de ma position. Cette tendre mère, me dis-je, ne se fût pas privée, comme moi, de son enfant, et par un trafic aussi honteux ! Si je lui dis ce que j'en ai fait, où il est, elle ira troubler, dans sa possession, l'homme honnête et délicat qui va servir de père à mon Fidély ! Pauvre Paola ! le malheur m'y force, détruisons à jamais son espoir!

» Elle insista de nouveau : Géraldi, ajouta-t-elle ? vous ne répondez pas ! qu'est devenu mon fils, qu'on vous a remis ?.. parlez... ce fils !.. pourquoi n'est-il pas dans les bras, sur le sein de son père ? — Oh, malheureuse Paola, lui répondis-je, en versant des larmes ! plaignez-moi, résignez-vous ?.... Ton fils, mon amie, il n'est plus. — Il est mort !

» Nous étions à deux pas du bassin de la fontaine ; Paola était restée sans connaissance dans mes bras ; je la traînai jusqu'à ce bassin ; puis, penchant sur l'eau sa tête décolorée, et sans réfléchir aux dangers qui pouvaient en survenir pour une femme dans son état, je jettai à sa figure plein ma main de cette eau limpide, qui la fit revenir à elle. Sa raison, hélas ! ne fit qu'accroître sa douleur. Ces barbares, s'écria-t-elle à haute voix, ils auront assassiné mon fils ! Eh bien, qu'on le réunisse à sa malheureuse mère ! Voilà mon sein ; frappe, bourreau de ma famille ; joins la mère au fils que tu as assassiné !

» Elle s'imaginait que son geolier Le Roc avait tué son fils et elle croyait lui parler. En vain je la suppliais de calmer ses sens, elle s'écriait de nouveau : Et toi, barbare époux, père dénaturé ; tu as pu laisser égorger ton fils ? Immole donc aussi sa malheureuse mère !

» Le délire s'était totalement emparé de ses sens, et voilà ce qui a pu faire croire aux témoins cachés de cet événement, dont tu m'as parlé, et que je ne vis nullement alors, qu'une femme avait été assassinée par son propre mari, à la fontaine Sainte-Catherine, le jour même de ta naissance. Ces témoins d'ailleurs, troublés par la peur et par l'indignation, auront mal entendu et par conséquent mal répété les cris d'une femme égarée... Continuons de tracer cette scène douloureuse.

» Je m'efforçais de la rappeler à des idées plus saines, lorsque je la vis se pencher tout à fait sur les pierres du bassin et tomber privée de la vie ; soit que le désespoir l'eût frappée soudain d'un coup mortel, soit que l'eau, dont je l'avais imprudemment inondée, eût causé cette subite désorganisation, elle expira, et ne laissa plus dans mes bras qu'un corps inanimé !... Ainsi, je n'avais plus de fils et j'étais peut-être la cause innocente de la mort de la mère !... Tu juges de mes remords et de ma profonde douleur !... J'eus la patience de la garder sur mes genoux jusqu'à ce que l'aurore, me montrant ses beaux traits tout à fait décolorés, me persuada bien que les glaces de la mort avaient chassé de son corps le souffle de la vie. En vain je cherchais à la ranimer par la chaleur de mes baisers ; elle n'était plus !

» Depuis que Michaud avait quitté la province, j'étais réduit à passer toutes les nuits dans l'intérieur de la fontaine Sainte-Catherine, où j'avais découvert, par hasard, le secret du second caveau. Je résolus soudain d'y cacher les restes sacrés de mon épouse, jusqu'à ce que le sort et le temps me permissent de les en retirer. Que pouvais-je faire de son corps inanimé ? Lui faire rendre des honneurs funèbres, c'était me trahir et me perdre ; le laisser là, dans les chemins, cette idée me révoltait ! je la traînai donc jusqu'au second caveau du réservoir ; je l'y enfermai ; je remis sur elle la clef de la voûte, et me jetant à deux genoux sur cette pierre qui cachait à tous les regards le trésor le plus précieux pour moi, je m'écriai : O mon Dieu ! fais-moi la grâce d'exister, pour que tu puisses me frapper à loisir de tes foudres vengeresses ! une mort prompte serait trop douce pour un criminel tel que moi ! J'ai vendu mon fils ! j'ai porté le coup mortel dans le cœur de sa mère ! peut-être même son trépas est-il le fruit de mon imprudence ! C'est trop de crimes à la fois ! punis-moi ; mais punis-moi à la longue ! Répands sur moi toutes tes malédictions ; abreuve mon cœur de toute l'amertume des remords ; que ton bras, en un mot, ne se lasse point de me frapper sans cesse ; je l'ai trop mérité !.... Et toi, Paola, toi, femme accomplie, si douce, si tendre, si digne d'un meilleur sort, ne demande point ma grâce à ce Dieu de miséricorde, dans le sein duquel tu reposes ! ne penses qu'à ton fils, veille sur ton fils ! oh, ne prie que pour ton fils ! et, s'il apprend un jour qu'il eut en toi le modèle des mères, qu'il ignore à jamais de quel père il a reçu le jour !....

» Tu pleures, Fidély !.... Moi-même... des larmes coulent de mes yeux ! Ce moment fut le plus affreux de ma vie !... Hélas ! elle fut traversée depuis, ainsi que je l'avais demandé à Dieu ! Poursuivi par le repentir de mes fautes, par l'ombre de ma Paola, par la terreur enfin que me causait l'ordre de m'arrêter, que le duc de Milan avait répandu dans toutes les cours, je pris mille noms supposés, je voyageai en France, en Angleterre, et je revins, au bout de cinq ans, en Allemagne, où mon fidèle Vernex m'avait écrit qu'il m'attendait.

» Il est temps maintenant de te faire connaître ce généreux ami, et de t'expliquer, par conséquent, la délation du prisonnier d'Auch, qui a pu le faire passer à tes yeux comme ayant fait autrefois partie d'une bande de vils brigands. Ce récit ne sera pas long, et ne coupera pas le mien de manière à t'en faire perdre l'intérêt.

» Vernex naquit à Prague, d'une famille peu fortunée. Ses parens néanmoins lui firent faire ses études, et le destinèrent de bonne heure à l'état de chirurgien. A dix-huit ans, Vernex était déjà fort habile ; mais il eut le malheur de perdre ses père et mère qui ne lui laissèrent rien ; et un oncle maternel, qui ne l'avait jamais aimé, lui ferma sa porte, ensorte que Vernex devint maître de ses volontés. Né ferme, doué d'une grande intrépidité mêlée à beaucoup de sang-froid, il méditait sur les moyens de faire une grande fortune, lorsque le hasard lui en procura l'occasion.

» Les forêts de la Bohême étaient infestées alors par une armée, pour ainsi dire, de voleurs, ayant à leur tête un nommé Roger, l'homme le plus courageux qui ait jamais existé, et qui eût été un héros, s'il se fût tourné au bien. Ce Roger avait distribué sa troupe en plusieurs bataillons, commandés par des chefs sous ses ordres. Chacun de ces bataillons formait plusieurs petites brigades, et, tandis que le fort de la bande était dirigé par Roger lui-même, il avait des gens disséminés, en troupes plus ou moins considérables, sur tous les points de ces vastes forêts. Ces scélérats, qui prenaient le titre d'*Indépendans*, portèrent à la fin ombrage à l'empereur d'Allemagne lui-même. Il songea à les détruire; mais, avant de leur opposer des troupes, il voulut introduire parmi eux des gens à lui, sûrs, fidèles, qui l'instruisissent de tous leurs mouvemens. Des richesses, des honneurs étaient la récompense de ceux qui voudraient seconder ses vœux, sous ce rapport. Vernex, sans parens, sans fortune, ne vit rien que de louable dans cette mission ; il pensa que tous les moyens de servir le prince et l'état ne pouvaient être que très-louables, et il se proposa pour être un des délégués à ce sujet. Non seulement il fut accepté ; mais encore on lui promit, par la suite, un sort aussi brillant que fortuné. En conséquence, notre jeune homme, qui avait alors dix-neuf ans, prit un costume rébarbatif, et alla se poster à l'entrée d'un épais taillis qu'il savait fréquenté par ces misérables. Il n'y fut pas long-temps sans entendre des gémissemens. S'approchant alors du lieu d'où ils partaient, il vit un des voleurs qui était dangereusement blessé, et entendit qu'un de ses camarades, qui le soutenait, s'écriait : Quel malheur, mon pauvre Roustan ! Encore, si nous avions un chirurgien dans notre troupe ! — Je le suis, répondit Vernex, et j'accours à vos cris. — Ignore-tu que quiconque nous découvre ne doit plus revoir la lumière du jour ? — Je le sais, et je vous prie de me recevoir parmi vous. J'ai des raisons pour haïr, pour fuir les hommes, pour leur faire le plus de mal que je pourrai. Je veux être des vôtres, et votre chirurgien, en cas que des accidens.. — Il ne nous en arrive que trop de cette nature... Nous verrons... je te présenterai à notre chef ; mais commence par panser notre camarade.

» Vernex s'en acquitta si bien, que le moribond et son complice, étonnés, le menèrent à leur chef, firent de lui les plus grands éloges, et Vernex fut admis dans la troupe ;

mais à une condition qu'il exigea ; c'est qu'il ne servirait dans aucune expédition, et ne serait regardé par les Indépendans que comme leur officier de santé. Dès ce moment, Vernex resta parmi eux, et ne s'occupa à leurs yeux que du soin de guérir leurs blessures ; mais il communiquait au gouvernement les moindres actions de ces monstres, et préparait ainsi le moment de leur juste punition. Ils firent, un jour, un prisonnier, un jeune homme des plus intéressans, nommé Ritler, avec lequel Vernex se lia étroitement. Vernex eut aussi le bonheur de ramener aux vrais principes trois autres jeunes gens, qui faisaient, malgré eux, partie de la bande, ensorte qu'ils furent cinq à travailler secrettement à la perte de ces misérables.

» Ce fut à cette époque que le baron de Salavas fit assassiner, par ces voleurs, le comte Sygemond et Théobald. Nos cinq amis ne furent pas assez forts pour empêcher ce crime; mais ils en écrivirent tous les détails à la belle Sygemonde, ainsi qu'à la justice de Prague, et signèrent leurs deux lettres. Cela donna plus que jamais l'éveil sur ces brigands. Leur chef, Roger, avait osé attaquer le château d'un baron de Fritzierne, défendu par un jeune homme nommé Victor, qui, maître de ce Roger, et prêt à lui arracher la vie, l'avait laissé échapper sur les cris d'une femme qui était accourue échevelée. Cela faisait beaucoup de bruit dans le pays, et il n'était question que de cet événement; on prétendit même que le jeune Victor, découvrant qu'il était le fils de Roger, était allé le trouver dans son repaire, qu'il lui avait fait les offres les plus avantageuses pour l'arracher à son indigne profession, que Roger les avait refusées, et que cela avait attiré sur Victor une foule de malheurs. Vernex et son ami Ritler surent tirer un tel parti de ces incidens, que, dans la même année, ce farouche Roger fut arrêté et reçut, sur un échafaud, la juste punition de ses crimes. Sa troupe fut cernée de tous les côtés et tomba, presque entière, entre les mains de la justice. Il ne fut plus, en un mot, question de ces brigands, et leur destruction fut due à l'adresse de Vernex et au courage de son digne compagnon Ritler. Voilà pourquoi, lors de la délation faite dernièrement à M. l'archevêque d'Auch, par le complice d'un des voleurs de cette bande, notre fidèle Vernex prétendait, avec raison, que s'il eût dit la vérité à ce sage prélat, il en aurait reçu des complimens ; mais *qu'il ne voulait pas dérober à son ami la juste moitié d'éloges qui lui appartenait.* Tu as cru qu'il me citait, en disant *son ami*, tandis qu'il ne voulait parler que du jeune Ritler qui le seconda à merveilles dans cette occasion. Rappelle-toi que je dis à l'archevêque : Vernex a dix-huit ans plus que moi. A peine étais-je au monde lorsque tous ces événemens se passèrent en Bohême. C'était d'ailleurs à l'époque où naquit la fille de Salavas et de la belle Sygemonde, qui, depuis, donna le jour à ton Inèsia ; tu vois qu'il y a du temps de cela.

» Vernex, après avoir rendu un pareil service au gouvernement de son pays, en attendait les récompenses qu'on lui avait promises. On lui manqua de parole ou on lui offrit si peu, qu'indigné de tant d'ingratitude,

il

il quitta l'Allemagne, passa en Italie; dominé par le chagrin, et s'engagea dans un régiment de volontaires que levait alors le duc de Milan. Il y monta en grade, au bout de quelques années, et devint lieutenant. Je le distinguai aisément des autres officiers lorsque le duc mon oncle me nomma général de l'armée milanaise, et quelques légers services que je lui rendis me l'attachèrent au point, qu'il me consacra, dans ma disgrâce, sa vie, sa petite fortune, toutes ses affections.

» Ce fut donc Vernex qui me conduisit à Prague, où, passant pour lui auprès de son vieil oncle devenu aveugle, je pris son nom, son titre de neveu et restai pendant plusieurs années dans la maison de cet oncle qui m'accabla de bontés. Pendant ce temps, il était retourné à

Milan, où il se tenait à l'affût de tout ce qui pouvait me concerner. Je savais que le baron de Salavas avait quitté cette ville, quelques mois après la mort du comte d'Urbain, que ce Salavas demeurait près du marquis d'Arloy, son ancien ami, et par conséquent près de mon fils. J'appris aussi que le jeune Léonardo, gâté par son grand oncle, le duc de Milan, grandissait en m'abhorrant, en demandant sans cesse vengeance de celui qu'il appelait le meurtrier de son père. Le duc de Milan la lui promettait toujours, et cependant, par un reste d'intérêt peut-être qu'il conservait pour moi, il ne pressait pas trop l'exécution des ordres qu'il avait répandus par-tout pour me faire arrêter et ramener à sa cour.

» Ce fut en Bohême, sous le nom de Vernex, que je rencontrai, un soir, blessé et mourant, le vil coquin qui a osé me dénoncer à l'archevêque. Je le crus un voyageur honnête tombé de cheval, ainsi qu'il me l'affirmait, et je lui prodiguai, pendant trois semaines, tous les soins de l'humanité. Tu vois comment il m'en a récompensé !...

» L'oncle de Vernex mourut. Ne pouvant, ni ne devant m'emparer de son héritage, je le laissai à son légitime possesseur, et je m'embarquai pour les Isles. Je ne te ferai point le récit de mes voyages, qui, quoique pénibles, ne me furent pas tout à fait infructueux. Il te suffira de savoir que, poussé par mes remords, et dans le dessein d'expier en Europe les crimes, les fautes, si tu veux, dont je m'y étais rendu coupable, je revins en France, et, ne pouvant résister au désir de revoir mon fils qui devait être grand alors, je pris des habits simples et me rendis à la terre du marquis d'Arloy; il y a deux ans passés de cela.

» Avant d'entrer chez le marquis, je voulus faire une station à la fontaine Sainte-Catherine, au tombeau de ma femme. Je me munis à cet effet d'une lanterne sourde ; puis, attendant la nuit, dès que je fus sûr qu'il ne pouvait plus passer personne dans ces campagnes, visitées le jour seulement par des agriculteurs laborieux, je levai la clef du second caveau. Je tremblais de n'y plus trouver les restes précieux de celle que j'adorais toujours !.... Quelles furent ensemble ma joie et ma douleur en les revoyant là, dans le même état où je les avais placés ! Je descendis dans ce caveau funèbre, et versant des torrens de larmes, couvrant de mes baisers brûlans ces restes inanimés, mais bien conservés encore, j'appelai à grands cris ma chère Paola !... Je ne sus si le ciel fit exprès un miracle pour moi, ou si ce fut l'effet de mes sens prévenus, ce qui était le plus présumable; mais il me sembla que Paola se levait devant moi !... Je crois la voir encore ! Elle se dresse comme une ombre échappée du cercueil !... elle me regarde avec des yeux fixes, où se peignent la terreur et la menace.... elle me dit d'une voix sourde : Gérald ! père dénaturé ! époux barbare ! as-tu expié tes crimes ? Je t'ordonne de te couvrir, pendant deux années, de cendre et de poussière, de t'abaisser au rang des plus vils indigens, de prier sans cesse, de faire en un mot la plus rude des pénitences !.... Alors tes malheurs finiront, et je supplierai Dieu de t'ouvrir son sein, où tu jouiras, près de moi, de la béatitude éternelle.

» Tu me regardes, étonné, Fidély ! je te parais un homme faible, capable de croire aux revenans ? Désabuse-toi. En me rendant compte de cette vision, je me suis rappelé qu'épuisé par la douleur et la fatigue, je m'étais endormi dans ce caveau lugubre, et qu'un songe m'avait retracé tout ce que je viens de te détailler. Je n'en fus pas moins persuadé que Paola m'avait donné, dans ce songe merveilleux, des avis que je devais suivre, et je me décidai, dès ce moment, à mendier mon pain, quoique j'eusse rapporté des îles une fortune assez honnête pour m'en dispenser.

» Le lendemain, je me présentai chez le marquis d'Arloy, à qui je confiai en particulier et sous le secret, mon véritable nom, ma naissance, mes malheurs, et ma résolution de contrefaire l'aveugle à la fontaine Sainte-Catherine. Le marquis fut bien étonné d'apprendre que son fils adoptif était le propre neveu du duc de Milan, devenu alors vice-roi de Philippe V!... Il me jura sur l'honneur de ne jamais divulguer ce mystère, et me fit voir mon fils à travers un rideau de cabinet dans sa bibliothèque. Tu lisais là, Fidély ; tu écrivais, et j'eus tout le temps de te contempler à mon aise. O doux momens pour le cœur d'un père !

» Je quittai cet excellent marquis d'Arloy, pénétré de toute l'estime, j'oserai dire de tout le respect qu'il inspirait, et je vins en effet m'établir, sous les haillons de la misère, un bandeau sur les yeux, mendiant, à la fontaine Sainte-Catherine, lieu bien cher à mon cœur, puisque j'y étais près de ma Paola.

» Les chagrins, les voyages, les maladies, tout avait un peu affaibli ma raison, j'en conviens, et c'est à cet état qu'il faut attribuer ce parti bizarre que je pris alors, et cette pénitence que je me proposai d'observer pendant deux années entières. Mon fidèle Vernex, qui était revenu près de moi, chercha en vain à m'en dissuader; je lui achetai une maison, et, comme, marié pendant mes longs voyages, il était devenu veuf et père d'un jeune garçon très-intelligent, je l'engageai à vivre tranquille dans cette maison, que tu as connue, jusqu'à ce ce que j'eusse terminé les deux années de privations que je m'étais imposées. Vernex, qui dirigeait mon bien, était chargé, par moi,

moi, de distribuer mille aumônes sous le voile de l'anonyme, et il s'en acquittait, ainsi que son fils Georges, au gré de mes souhaits.

» Quelques mois avant que tu vinsses me trouver, Vernex, qui était toujours au courant des nouvelles d'Italie, m'apprit que Léonardo, devenu un homme, avait tant obsédé le duc de Milan, qu'il en avait obtenu un ordre qui me mettait entièrement à la disposition de ce jeune et vindicatif seigneur. Léonardo, fier de tenir une pareille pièce contre moi, l'avait envoyée à son digne ami le baron de Salavas, qui se disposait à me chercher par-tout, sans se douter que je fusse si près de lui. Je pris alors un parti sérieux; je courus me jeter aux pieds de Louis XIV, qui m'accueillit avec bonté, mais ne fit alors rien pour moi, ne voulant pas déplaire au duc de Milan, vieillard qu'il honorait et dont il croyait le ressentiment contre moi des plus légitimes. Il me fit espérer cependant qu'il allait travailler à me faire obtenir mon pardon d'un oncle justement irrité; ensorte que je revins à ma fontaine presque aussi avancé que lorsque je l'avais quittée. Je savais néanmoins que Salavas aimait l'argent; qu'en lui en promettant beaucoup, à la dernière extrémité, il ne mettrait pas son ordre à exécution, trompant ainsi la confiance de son ami pour tirer de l'or de sa victime. Salavas savait d'ailleurs la démarche que j'avais faite auprès du roi de France, et, lâche autant que pusillanime et intéressé, il tremblait que, si je rentrais jamais en grâce, je lui fisse payer cher les mauvais traitemens qu'il se serait permis envers moi. Quoique cela me rassurât un peu, je n'en étais pas moins décidé à fuir mes persécuteurs, du moment où ils me découvriraient. C'est ce qui arriva à la maison habitée par Vernex, où Salavas me reconnut à la cicatrice que m'a laissée là le coup de sabre du comte d'Urbain. Toi et moi, nous prîmes la fuite, et je me décidai à aller à Auch me mettre sous la protection du vénérable Ayrard de Clermont-Lodéve. Ce vieillard généreux et bienfaisant prit ma défense avec une chaleur telle, que, dès-lors, la face de mes affaires changea entièrement. Il s'informa d'abord secrettement de la conduite de mon ennemi Léonardo ; il apprit que c'était un très-mauvais sujet ; il en acquit alors des preuves irrécusables ; puis il écrivit au duc de Milan, premièrement en ma faveur, ensuite contre son petit-neveu qui abusait de sa confiance et de sa tendresse pour faire des dettes, des dupes, et mener la vie la plus scandaleuse.

» Non content de cela, le sage Ayrard sut capter en ma faveur l'intérêt et la protection du grand roi Philippe V, qui eut la bonté d'écrire aussi pour moi à mon oncle ; mais ce vieillard obstiné avait de la peine à revenir sur mon compte. Pendant ce temps, Vernex, porteur de tous ces messages, allait de France en Italie et d'Italie en France. Désolé de voir mon oncle tenir encore, non plus à la vengeance, à laquelle il avait renoncé, mais à son ressentiment contre moi, et redoutant les piéges de Léonardo, qui voyait clairement de jour en jour baisser sa faveur et échapper sa victime, Vernex leva pour moi une espèce de régiment, de garde secrette, composée d'Italiens qui m'étaient restés fidèles. Il fit venir tous ces gens là en France, et me conjura d'accepter leurs services, cette troupe zélée devant m'accompagner par-tout d'une manière invisible, et me défendre contre mes ennemis. Dès l'instant qu'on sut que Philippe m'honorait de sa faveur particulière, on eut la bonté de me rendre des honneurs. C'est ainsi que quatre évêques italiens, instruits de mon asile par le primat d'Aquitaine, vinrent me visiter un jour à l'hermitage Saint-Fulgence, et m'offrir leur médiation auprès de mon oncle. Ce fut aussi pour organiser ma garde secrette que trois officiers italiens, que j'avais commandés autrefois et qui m'étaient dévoués, te laissèrent, encore à l'hermitage, une lettre pour moi, en t'avertissant qu'ils étaient pressés d'agir. Enfin, tous les chefs de ma garde se réunirent la nuit, et comme cette garde de sûreté n'était pas reconnue, par le gouvernement français, qui aurait pu la regarder comme un attroupement illicite, chacun de ces militaires prit un déguisement divers, ce qui te persuada que nous étions visités par une troupe de brigands.

» Léonardo cependant brûlait de faire usage de son ordre de m'arrêter, quoique le duc de Milan lui eût, depuis peu, défendu de s'en servir; mais il ne le pouvait plus; j'étais sous la puissance ecclésiastique. Alors il médita un crime qu'il tenta d'exécuter, comme tu le sais. Je ne me crus plus en sûreté, et nous quittâmes l'hermitage; mais, tandis que j'accusais le sage Ayrard d'avoir cru à une fausse délation contre moi, il travaillait à consommer mon bonheur. Au moment où je venais de lui écrire, de lui retracer ma douleur et l'embarras dans lequel je me trouvais, à deux lieues de l'hermitage enfin, Vernex me remit une lettre de lui, dans laquelle il m'apprenait que le roi Philippe, s'occupant toujours à désarmer la colère de mon oncle, me permettait de prendre le nom magique d'*Il Sosio*, qu'il avait porté trois ans avant. Dans la lettre d'Ayrard était incluse cette permission écrite en entier de la main de sa Majesté Catholique. Quels motifs de consolation pour moi! Un titre aussi imposant, avec une armée secrette qui, autorisée maintenant par le roi Philippe, devait m'accompagner par-tout, en me donnant le nom sacré d'*Il Sosio* !... On instruisit du voyage du prétendu *Il Sosio* tous les intendans de provinces. Salavas se serait adressé au sien, que celui-ci l'aurait menacé de la prison, plutôt que de troubler le grand personnage à qui il supposait ce titre !

» Je rassemblai encore, une nuit, une partie de mes gens dans le réservoir de la fontaine Sainte-Catherine, et je me décidai à m'amuser de la terreur que mon nouveau nom allait répandre en tous lieux ; ce que je fis en effet, au point que la marquise d'Arloy en fut la dupe, et que je réussis à arracher Inèsia de sa prison de Bologne, où Léonardo la retenait.

» Pour Léonardo, il n'était pas aussi à son aise que moi. Deux jours après qu'il eût enlevé Inèsia, il reçut une lettre de Philippe V lui-même, qui, en lui reprochant sa conduite envers moi, lui ordonnait de se rendre sur-le-champ à Madrid, pour une explication dont il avait besoin. Philippe le traita avec la plus grande dureté, et l'engagea à travailler lui-même à m'obtenir le pardon de mon oncle, sous peine de perdre sa protection et celle du duc de Milan. Cette alternative mit Léonardo dans le plus grand embarras. Il me détestait trop pour me servir. Ne pouvant s'y résoudre, me voyant de puissans protecteurs, et prévoyant sa chute prochaine dans la tendresse que mon oncle me rendait de plus en plus, ainsi que dans les reproches plus que sévères que cet oncle lui adressait journellement, il prit le parti de conspirer sourdement contre le duc de Milan. Il s'occupa donc de se faire un parti pour assassiner le duc, pour se mettre à sa place, abandonner la cause de Philippe, et livrer Milan aux Impériaux. Heureusement que son plan fut connu dès qu'il le forma. Un de ses conjurés instruisait, jour par jour, le duc de toutes ses démarches ; et le duc dès-lors, détestant la perfidie de cet ingrat, me rendit toute son amitié. Mais il mit mon pardon à une condition ; c'est que je prendrais les armes comme simple militaire, et que je ferais quelque action d'éclat qui me méritât la faveur de recevoir, à ses pieds, mon pardon, de reprendre enfin auprès de lui ma place, et toutes mes dignités.

» Le digne Ayrard lui avait appris que mon fils vivait. Il avait su intéresser le duc en faveur de cet excellent fils ; le duc voulut que tu te distinguasses aussi aux côtés de ton père sur le champ de bataille, et promit de t'admettre à la même faveur qu'il me réservait.

» Ce fut après notre départ de Bologne que le bon archevêque m'écrivit toutes ces excellentes nouvelles. Juge de ma joie !... Mais il était dit que, jusqu'au moment de tomber aux genoux du duc, je garderais le même anonyme qui m'avait voilé jusqu'alors; qu'à l'armée comme à la ville, je ne serais regardé, ni traité comme Géraldi, neveu du duc de Milan Je me conformai à cette loi bizarre d'un vieillard trop long-temps irrité. Je restai quelque temps encore *Il Sosio*, ce que je prouvai, lorsque Léonardo me fit arrêter chez le duc d'Est, dans son cabinet, ou, tout en déclinant au duc mon véritable nom, je lui montrai la permission que le roi Philippe m'avait donnée, par écrit, de porter ce surnom magique. Tout paraît merveilleux, Fidély, quand on n'en tient pas la clef; tu vois pourtant qu'en montrant ce papier, je pouvais prouver à tout le monde que j'étais bien *Il Sosio ?*

» Cependant le terme de ma pénitence arrivait; les années qu'elle devait durer finissaient. Le jour même, où deux ans auparavant, j'en avais fait le serment à ma chère Paola, j'entrai, tu t'en souviens, dans l'église de Castel-Nuovo; là, je reçus le saint sacrement de l'Eucharistie, et je ne pensai plus qu'à assurer ton bonheur et le mien. L'église était pleine de ma garde déguisée et qui me suivait toujours. Elle nous servit, comme tu le sais, contre l'attaque que j'avais prévue de Léonardo, de Salavas et de ses gens. Enfin nous entrâmes dans Milan, où je licenciai ma petite troupe, n'ayant plus à m'occuper que de prendre les armes pour suivre à la lettre les intentions de mon oncle.

» Le digne primat d'Aquitaine ne croyait pas cependant avoir terminé son ouvrage. Il voulait que le duc fît grâce entière et ne mît aucune borne à ses bienfaits. Il l'intéressa si fort en faveur d'Inèsia et de la marquise d'Arloy ; il lui peignit ton amour, celui que cette jeune personne ressent pour toi, sous un aspect si touchant, que le duc voulut voir et la marquise et son Inèsia. « Si ces dames, ajouta-t-il, méritent en effet mon estime, je... je verrai ce que je ferai ; mais qu'on les fasse, par mon ordre, venir à Milan, et qu'on me laisse le temps de les étudier, ainsi que de les recevoir, quand je le jugerai à propos.

» Le sage Ayrard ne perdit pas

cela de vue. On savait que Léonardo, disgracié enfin par son oncle avant qu'il eût pu réussir dans sa conspiration, avait enlevé une seconde fois Inèsia, par le moyen des frères Sessi, qui avaient également abusé de la confiance de la marquise. Le duc envoia à la recherche de ces dames. On ne rencontra malheureusement que madame d'Arloy, et on ne la conduisit pas moins dans cette maison ; mais à mon insu, pour me laisser ainsi qu'à toi le plaisir de la surprise. Tout cela, mon ami, tout ce qui nous arrive, ton bonheur et le mien, sont l'ouvrage du vénérable Ayrard de Clermont-Lodéve. Ajoutons-y la protection immédiate du généreux roi Philippe, que nous irons remercier, et c'est ainsi que ces excellens amis nous ont conduits au port !

» Je ne t'ai pas rendu compte,

dans le récit exact que je viens de te faire, de plusieurs courses, de mille absences, de ma part, telle que celle que je fis à Bergame, où je passai toute une nuit dehors. Tu sens bien qu'il me fallait avoir de fréquentes entrevues avec mes amis, avec Vernex sur-tout qui fut le plus leste et le plus adroit de tous. Vernex allait, venait, se trouvait par-tout à mon moindre commandement, et son fils Georges le secondait à merveilles ; tout a réussi au gré de mes vœux, et j'ai pu enfin t'apprendre, et le secret de ta naissance, et tous les malheurs qui m'ont poursuivi pendant vingt années de ma vie. Ces deux dernières ont été les plus agitées ; tu m'as vu, en peu de temps, tour à tour mendiant, hermite, pélerin et soldat ! Ce fut pour toi, pour me conserver à toi, pour consommer enfin l'œuvre de ta félicité, que je jouai ces quatre rôles. Ils t'ont bien intrigué ; mais mon fils, mon Fidély ! tu es bien jeune ! Vif comme on l'est à ton âge, sans prévoyance, sans expérience, pouvais-je t'apprendre tous ces secrets, tous ces événemens, dans l'indécision où ils me laissaient sans cesse de la manière dont ils finiraient ? Proscrit que j'étais, en butte à la haine de mon oncle, à la vengeance de mes ennemis, pouvais-je te signaler ces ennemis ? tu n'eusses pensé qu'à les battre, qu'à faire des coups d'éclat, dangereux pour ton père et pour toi ! J'ai voulu me taire jusqu'au moment où le succès devait combler mes vœux. Cependant, tout en formant ton caractère à la patience, à la résignation, à l'école du malheur en un mot, il m'en a coûté, mon Fidély ! oh, il m'en a horriblement coûté de

déchirer

déchirer ton cœur si bon, si sensible! mille fois je t'ai plaint ; mille fois je t'ai admiré et je me suis dit : Non, il n'y a pas sur la terre un seul fils qui, à la place du mien, ait montré tant de douceur, tant de soumission et sur-tout autant de piété filiale!....

» Tu sais tout maintenant, hors de légers détails peut-être qui me seront échappés, et sur lesquels il me sera toujours facile de satisfaire ta curiosité, pour peu que tu m'en témoignes le désir ; tu sais tout ! Ainsi donc, mon cher Fidély, tu vas jouir dorénavant d'un bonheur que tu as trop mérité, et qui était bien dû à toutes tes vertus »

CHAPITRE XII.

Conclusion.

Fidély, étonné, troublé des aventures extraordinaires que son père lui avait racontées, passa une nuit très-agitée. Dans tout le bonheur qui lui arrivait, il lui manquait, pour le compléter, qui ?... On le devine, Inèsia !... Sans Inèsia, il ne pouvait être parfaitement heureux.... Mais elle était à jamais perdue pour lui, de toutes les manières. Si l'on avait le bonheur de la retrouver, pouvait-elle devenir la femme du neveu d'un duc, d'un vice-roi ? et le vice-roi consentirait-il à un pareil mariage ? On ne marie les fils des grands seigneurs qu'avec des demoiselles de la plus haute distinction!... Fidély savait cela, et il sentait que son père, que l'archevêque avaient eu raison quand ils lui disaient sans cesse que, quelqu'événement qui lui arrivât, il ne pouvait jamais devenir l'époux d'Inèsia!

Le jour le surprit dans ces tristes réflexions. Cependant, à la voix de son père qui l'appelait, il sentit qu'il se devait tout entier à ce père chéri, à son oncle, à son nouvel état, et il tâcha de surmonter sa tristesse.

Il était neuf heures du matin, et les voitures du duc vice-roi étaient déjà à la porte de la maison de Gérald. La marquise s'était parée de son mieux, et redoutait une visite dont elle ignorait absolument le but. Micheline, à qui Gérald avait parlé secrettement, était au contraire d'une joie qui approchait de la folie. Tout en habillant sa maîtresse, elle s'écriait: Quel coup du sort! en voilà, j'espère, un coup du sort! Ce cher enfant! il sera donc heureux? qui l'aurait dit?

La marquise lui demandait en vain ce que signifiaient ces exclamations, elle répondait toujours : Vous saurez cela, ce matin, madame; vous saurez cela, ce matin!

Fidély et Gérald se présentèrent chez la marquise et lui donnèrent la main pour monter en voiture. La bonne dame leur fit mille questions, auxquelles ils ne répondirent pas, et l'on arriva ainsi chez le duc, qui attendait nos amis pour déjeûner. Aussitôt qu'il vit la marquise, conduite par Gérald, le duc se leva et marcha faiblement au devant d'elle. Marquise, lui dit-il en souriant et du ton le plus galant, venez vous asseoir près de moi, et veuillez m'écouter avec le plus grand silence. Je vais vous causer de la peine, j'en suis désolé; mais il le faut.... faites, faites entrer cette bonne femme qui vous sert? elle m'est nécessaire pour ce que j'ai à vous dire.

Fidély va chercher Micheline qui se présente gauchement, en saluant avec une timidité qui amuse le duc. Bonne femme, lui dit-il, je ne demande pas que vous trahissiez le secret que votre maître vous a confié ; mais si j'ai besoin de votre témoignage, vous ne devez pas, en me le refusant, dissimuler la vérité.

Il s'adresse à la marquise : Madame, vous ne savez pas le bonheur qui m'arrive ? j'ai retrouvé un neveu que je chéris. Le voilà, c'est Gérald. Embrasse-moi, mon neveu ?

La marquise, étonnée, s'écrie : Gérald, monseigneur, a l'honneur d'être votre neveu ? —Oui, madame, et, comme il est le père de Fidély, il en résulte que Fidély est aussi mon neveu. — Ciel ! Gérald père !... — Je vais vous expliquer tout cela en deux mots, madame : Votre enfant mourut en naissant ; votre époux lui substitua celui-ci, et celui-ci est mon neveu, mon fils, mon héritier.

La marquise change de couleur et regarde Micheline. Micheline lui dit : C'est vrai, madame ; je fus témoin de cette substitution. Voilà le père de Fidély. — Et voilà sa mère, toujours sa mère ! s'écrie le duc, en poussant Fidély dans les bras de la marquise. Vous l'êtes, marquise, vous la serez toujours ; c'est sur ce pied que je vous prie de rester à ma cour, et de tromper la nature par le charme de la plus tendre amitié !

Fidély couvre de baisers les mains

de sa mère adoptive, qui ne peut définir ce qu'elle éprouve ! Elle répond à ses caresses néanmoins ; puis, prenant la parole, elle dit : Cela est-il possible, grand Dieu ! Quel jeu de la fortune ! Mon Fidély !... Si l'on m'eût appris cela dans une toute autre circonstance, j'en serais morte de douleur ! Mais ce seigneur, ce prince si vénérable !.... il est ton oncle !.... Eh bien, oui, chéris-moi toujours comme ta mère, et je serai la plus heureuse des femmes !...

Les effusions de l'amitié succédèrent à cette explication, et Géraldi apprit à la marquise toutes les circonstances de la naissance de Fidély, ainsi que celles de son adoption par le marquis d'Arloy. La bonne dame fut long-temps à revenir d'un coup aussi violent. Enfin, elle reprit du calme, du courage, et supplia le duc de ne jamais la séparer d'un enfant qui lui était toujours aussi cher que si elle lui eût donné le jour ! Le duc le lui promit ; Gérald, Fidély, l'accablèrent de preuves de tendresse, et la marquise partagea enfin la joie générale.

Après le déjeûner, le duc proposa une promenade dans une partie de son parc, qu'il avait fait arranger nouvellement.

Quelle fut la surprise de Gérald, quand il y retrouva, au milieu d'une plaine terminée au loin par des montagnes, la fontaine Sainte-Catherine parfaitement imitée, et telle qu'elle existait près de Bagnère, en France ! C'était bien elle, sa vieille chapelle, son bassin, ses jets d'eau, son abreuvoir, son réservoir, et plus loin le ruisseau ainsi que le moulin que son eau faisait tourner ! Quel magicien, s'écria Gérald, a donc transporté ici ?...

ici ?... — Ce sont mes architectes, répondit le duc, que j'ai envoyés en France, qui ont levé les plans de la fontaine et l'ont imitée comme tu la vois. Qu'en dis-tu ? — Oh, excellent oncle ! — Ce n'est pas tout, mon cher neveu, entre, entrons tous dans le caveau du réservoir, et tu vas voir autre chose !

Quand ils sont dans ce réservoir, ils aperçoivent, au milieu, un magnifique tombeau, devant lequel brûlent sept lampes en vermeil : on y lit cette inscription sur un marbre noir : *Ici repose Paola.*

Gérald tombe, saisi de douleur et d'étonnement. Le duc lui dit : Elle est là en effet, mon cher neveu. J'ai fait enlever et transporter ici ses restes qui te sont si chers. Hélas ! l'infortunée méritait bien d'être inhumée dans sa patrie... — Oh, le meilleur des hommes! quoi, ma Paola! —Elle est là, te dis-je.... Gérald, Fidély, prosternez-vous au pied du tombeau qui renferme une épouse, une mère chérie; puis quittons ce lieu funèbre; un objet plus agréable nous attend dehors.

On eut bien de la peine à arracher Gérald et Fidély de ce lugubre monument; ils sortirent enfin, et restèrent frappés d'une nouvelle surprise en voyant une jeune femme voilée, penchée négligemment sur le bassin de la fontaine. Elle tenait dans sa main droite des tablettes, sur lesquelles on lisait : *Amour, amour éternel, tant que cette eau coulera vers le ruisseau de la prairie!*

— Je vais, dit le duc, completter votre bonheur!

Il ôte lui-même le voile de la

jeune personne, et l'on reconnaît Inèsia !

Inèsia se jette dans les bras de la marquise, dans ceux de Fidély, muet d'étonnement ; puis elle tombe aux pieds du duc, en le remerciant du bonheur qu'il lui procure. Vous êtes tous bien surpris, dit le duc, en souriant avec la joie qu'éprouve un bon cœur qui fait des heureux ! Inèsia est ici depuis trois jours ; je la tenais cachée dans mon palais au moment où Gérald me demandait un sursis au juste supplice de Léonardo, pour le forcer à découvrir l'asile où l'on croyait qu'il la tenait prisonnière. Je m'amusai à répondre à Gérald, *qu'une faible intrigue d'amour ne devait pas arrêter ma vengeance*, et il fut forcé de faire fusiller le coupable, sans avoir obtenu de lui le moindre aveu. Léonardo lui-même ignorait, en mourant, qu'Inèsia fût en ma puissance, et cela est arrivé très-naturellement. Le Roc, qui la tenait captive, voyant son maître Salavas pris par nos troupes, crut obtenir sa grâce en amenant lui-même mademoiselle d'Oxfeld au duc de Vendôme; Le Roc s'était fait accompagner de Carli, de la femme et de la tante de ce dernier. Ces misérables espéraient qu'un trait pareil désarmerait en leur faveur la juste rigueur des lois. Mais le duc connaissait mes intentions à cet égard; il fit pendre Le Roc et Carli; il ordonna qu'une détention perpétuelle fût la punition des deux femmes, et enfin il m'envoya, par une escorte sûre, Inèsia que je voilai à tous les regards, dans l'intention de vous la présenter aujourd'hui.—O mon prince, s'écrie Inèsia ! vous m'avez accablée de bontés ! — J'ai fait mon devoir. Je fus la cause des longs malheurs de mon neveu, de ceux de son fils ; j'ai dû prendre tous les moyens de réparer mes torts... Mais rentrons au palais.

Le premier objet qui frappa les yeux de Fidély, en entrant dans la grande galerie qui était pleine de courtisans, fut le tableau qu'il avait peint en France pour son père. On se rappelle que, dans l'intention de soulager Gérald, qu'il croyait aveugle et mendiant à la fontaine Sainte-Catherine, Fidély, logé dans la maison de Vernex, s'occupa, dès les premiers jours, de faire un tableau que Vernex fit ensuite semblant d'aller vendre. Ce tableau, appelé par Fidély, *La Leçon de Bienfaisance*, était là, sur un piédestal, couronné de guirlandes de myrte et exposé à tous les regards. Chacun y admirait les sites de la fontaine, l'aveugle, son chien, son petit conducteur ; et ce petit conducteur, le muet Bénédy, était lui-même près du tableau, tenant Georges Vernex par la main. Aussitôt que Bénédy vit entrer son maître Gérald, il se jetta à ses pieds, et couvrit ses mains de baisers ; en versant les larmes de l'amitié et de la reconnaissance. O mon oncle, s'écria Gérald, vous n'avez rien oublié ! Tu le vois, répondit le duc, j'ai réuni près de toi tous les objets qui méritaient ton affection, et le tableau de ton fils, grâce au zèle de Vernex, qui l'avait conservé, est aussi en ma possession.... Il ne me reste plus qu'à assurer ici le bonheur de tout le monde.

Il s'adresse à l'assemblée : Messieurs, vous savez que mon grand âge et mes infirmités exigent un repos que le poste où je suis m'empêcherait de gôuter, si je l'occupais plus long-temps. En conséquence, et avec l'agrément du roi Philippe, protecteur de mon neveu, j'abdique en faveur de Géraldi, duc de San-Michieli. Il est maintenant votre vice-roi, vôtre maître, et vous allez lui prêter serment de fidélité.

Nous le jurons, s'écrient tous les assistans.

Le duc fait monter Géraldi sur son trône et y appelle aussi Fidély, dont les sensations diverses ne peuvent s'exprimer. Le duc continue : Voilà mon neveu, mon héritier, et vous voyez près de lui son fils et son héritier aussi. Afin qu'il puisse vous donner des princes vertueux et dignes de moi, je l'unis à l'instant à la belle Inèsia d'Oxfeld, que voici, et j'ordonne que madame la marquise d'Arloy vive près d'eux dans l'intimité d'une bonne mère avec des enfans tendres et soumis. Je nomme Vernex intendant de la maison du prince héréditaire, et Georges Vernex commandant de ses pages et de sa garde d'honneur, en lui intimant l'ordre d'avoir soin du jeune muet Bénédy, dont l'existence est désormais assurée.... Tout le monde est-il content ?... vous devez l'être, vous, sage Ayrard; car tout ceci est votre ouvrage.

Le bon archevêque ne peut exprimer sa joie que par des larmes de tendresse. Il voit soudain se jeter à ses pieds, dans ses bras, le duc Géraldi de San-Michieli, le prince Fidély son fils, Inésia, la marquise, etc. et le sensible prélat s'écrie : O jour mille fois heureux ! J'ai donc fait votre bonheur à tous !... Je ne vous demande, pour cela, qu'une seule faveur, Géraldi; c'est de prendre, pour votre aumônier, le digne chanoine Béraud, que vous connaissez. Quant à Sably, qui a tant cherché à vous nuire, j'avais condamné cet ingrat, ce méchant, à une prison perpétuelle. Il y est mort, de rage sans doute de ne pouvoir plus tourmenter ses semblables.—Oh, répondit Géraldi, quelle distance de cet ecclésiastique qui déshonorait son habit, à vous, vénérable prélat ! à vous, notre bon père, dont les vertus font du sacerdoce le lien sacré qui unit la créature à son créateur ! Est-il un être plus respectable sur la terre que le ministre des autels, humain, charitable, tolérant, qui pardonne au pécheur, le remet sur la voie du salut, réconcilie enfin les familles divisées, et fait ici le bonheur de cinq personnes à la fois !

Géraldi avait raison ; tout le monde était heureux, et rien ne traversa plus, par la suite, cette félicité qu'on avait tant achetée. Fidély, que le vénérable archevêque releva du serment de célibat, prononcé par lui dans l'hermitage, devint époux d'Inèsia. Le duc Géraldi de San Michieli, vice-roi de Milan, céda à son tour sa couronne à son fils, et aucun de nos héros ne passa un seul jour sans aller visiter, dans la vaste plaine du parc, le tombeau de Paola, ainsi que le monument champêtre, imité exactement de la fontaine Sainte-Catherine, qui avait reçu si long-temps leurs confidences, leurs larmes et leurs gémissemens !

FIN DU QUATRIÈME ET DERNIER VOLUME.

TABLE
DES CHAPITRES

Contenus dans ce IVe. et dernier Volume.

                          Pages

CHAPITRE Ier. *Une nuit dans une maison isolée.*   1

CHAP. II. *Tout conspire contre l'innocence.*   36

CHAP. III. *Le Puits de la Mort.*   50

CHAP. IV. *Nouveaux défenseurs, encore mystérieux.*   74

CHAP. V. *Nous retrouvons un bien bon ami.*   92

CHAP. VI. *La vérité paraît mensonge dans la bouche des fripons.*   109

CHAP. VII. *Mystères sur mystères.*   134

CHAP. VIII. *Petite guerre.*   172

TABLE.

Chap. IX. *Valeur et honneurs.* 180
Chap. X. *Voilà enfin le mot de
l'énigme.* 204
Chap. XI. *Histoire de Gérald.* 239
Chap. XII. *Conclusion.* 330

FIN.

www.ingramcontent.com/pod-product-compliance
Lightning Source LLC
Chambersburg PA
CBHW050755170426
43202CB00013B/2438